高校羽毛球运动的全面开展与实践指导

赵　滕／著

SPM 南方传媒 | 广东人民出版社
·广州·

图书在版编目（CIP）数据

高校羽毛球运动的全面开展与实践指导 / 赵朦著. —
广州：广东人民出版社，2023.12
ISBN 978-7-218-17134-0

Ⅰ.①高… Ⅱ.①赵… Ⅲ.①羽毛球运动—教学研究—
高等学校 Ⅳ.①G847.2

中国国家版本馆CIP数据核字（2023）第248110号

GAOXIAO YUMAOQIU YUNDONG DE QUANMIAN KAIZHAN YU SHIJIAN ZHIDAO
高校羽毛球运动的全面开展与实践指导
赵 朦 著

出 版 人：肖风华

责任编辑：马妮璐
责任技编：吴彦斌
装帧设计：马静静

出版发行：广东人民出版社
地 址：广东省广州市越秀区大沙头四马路10号（邮政编码：510199）
电 话：（020）85716809（总编室）
传 真：（020）83289585
网 址：http://www.gdpph.com
印 刷：北京亚吉飞数码科技有限公司
开 本：710mm×1000mm 1/16
印 张：15.25 **字 数**：242千
版 次：2024年5月第1版
印 次：2024年5月第1次印刷
定 价：86.00元

如发现印装质量问题，影响阅读，请与出版社（020-85716849）联系调换。
售书热线：（020）87716172

前言

随着高等教育的深入改革与创新发展，高校体育的发展取得了重大突破。为贯彻落实“健康第一”的指导思想，高校纷纷改善体育设施环境，加快体育课程建设，增设大学生喜爱的运动项目，为大学生创建良好的运动环境和营造浓厚的体育文化氛围，吸引学生参与体育运动，满足大学生对不同运动项目的需求。羽毛球运动有着深厚的历史底蕴与丰富的文化内涵，其易于开展，健身功效突出，而且时尚优雅，这些特点符合现阶段大学生的身心需求，是高校体育课程建设与校园体育文化建设所必不可少的内容。在高校推广普及羽毛球运动，能够增强大学生的体质，提高其心理素质，真正实现“健康教育”的培养目标。高校羽毛球运动的开展不应只局限于开设羽毛球课程，还应从丰富羽毛球课外活动、加强业余训练、举办羽毛球赛事、建设校园羽毛球文化等多方面入手，从而有效提升高校羽毛球运动的影响力，培养大学生的羽毛球素养。基于此，作者在查阅大量相关著作文献的基础上，精心撰写了本书。

本书共六章。第一章是高校羽毛球运动概论与发展，主要分析羽毛球运动的基本理论、发展历史、文化内涵，阐释其对大学生身心健康的促进作用，基于高校羽毛球运动开展现状提供有效策略。第二章是高校羽毛球教学的开展与改革创新，在分析羽毛球教学理论的基础上，分别从羽毛球教学内容、教学方法、教学模式以及教学评价等方面展开研究，提出优化改革的建议，以提升高校羽毛球教学质量。第三章是高校羽毛球科学健身指导，包括健身理论指导、技战术指导和科学保障指导等，为大学生羽毛球健身提供科学指导，对培养大学生的羽毛球健身习惯和提升大学生健身效果具有重要意义。第四章是高校羽毛球全面训练指导，包括训练原理指导、身心训练指导、技战术训练指导等，只有全面训练，不断创新，才能提升大学生羽毛球运动员的竞技能力和比赛成绩。第五章是高校羽毛球比赛的开展。高校开展羽毛球比赛，除了设置常规项目外，还可以引进三人制比赛，以提高比赛的趣味性，吸引大学生积极参与。第六章是高校羽毛球文化建设与发展，通过建设校园羽毛球文化，能够为大学生创造良好的运动环境，调动大学生参与羽毛球运动的积极性，并能够促进高校校园体育文化的发展。

总体而言，本书具有以下特点。

第一，系统性。本书主要对高校羽毛球运动的全面开展与实践指导进行研究，在分析羽毛球基本知识及高校羽毛球发展现状的基础上，重点从羽毛球教学、健身、训练、竞赛及文化建设等几个方面探讨如何在高校全面开展羽毛球运动，并将实践指导融入各方面的开展中。总体上结构合理，逻辑清晰，层层推进，具有较强的系统性。

第二，实用性。本书在高校羽毛球教学、健身、训练、竞赛及文化建设等研究中，提出了科学的理论、有效的方法，既丰富了理论，又具有实用性，理论意义与实践意义并重。

第三，创新性。本书在羽毛球教学、训练、文化建设等相关研究中，立足教学现状、训练现状和文化建设现状，提出了改革与创新发展的策略，对推动高校羽毛球运动的创新发展具有重要意义。

总之，本书系统分析了高校羽毛球运动的全面开展情况，涉及羽毛球教学、羽毛球健身、羽毛球训练、羽毛球竞赛、羽毛球文化建设等诸多方面，并在研究中提出了切实可行的发展建议和策略。希望本书能够为促进高校羽毛球的推广普及、提升高校羽毛球发展水平和大学生羽毛球综合素养做出贡献。

本书在撰写过程中，借鉴了许多专家、学者的研究成果和观点，在此表示诚挚的谢意。另外，由于时间和精力有限，书中难免有不妥之处，敬请读者谅解并指正。

作　者

2023 年 6 月

目录

第一章

高校羽毛球运动概论与发展

羽毛球运动是一项集身体素质较量与技能运用于一体的综合性体育运动，这项运动对参与者的耐力、爆发力、身体协调性都有一定的要求，而且对心理素质也有较高的要求。大学生参与此项运动，能够全面锻炼身体素质，提升心理素质，实现全面健康发展。当前，我国竞技羽毛球运动屡创佳绩，大众羽毛球运动也如火如荼地开展着，但是羽毛球运动在高校却没有得到很好的普及与推广，高校羽毛球运动的发展总体形势不乐观，需要从实际出发加大推广力度，创建良好的校园羽毛球发展环境，推动高校羽毛球活动的全方位开展。在探索高校羽毛球运动的发展路径前，要先认识羽毛球运动，了解羽毛球运动对大学生身心健康的重要作用，理解羽毛球的文化内涵，并在调查分析高校羽毛球运动发展现状的基础上寻找突破现实困境的科学路径。本章首先分析高校羽毛球基本理论及其发展，主要内容包括羽毛球运动基础理论与发展、羽毛球与大学生身心健康的关系、羽毛球运动文化解析以及高校羽毛球运动的发展现状与策略。通过本章研究，以提高大学生对羽毛球运动的基础认知水平，并了解羽毛球在高校的发展概况，为之后研究高校羽毛球的发展奠定基础。

第一节　羽毛球运动基础理论与发展

一、羽毛球运动基础理论

（一）羽毛球运动的特点

1. 组织方式灵活

羽毛球运动得益于方便的组织形式，使其成为大众体育健身中的绝佳项目，其对场地要求不高，器材方便购买，规则简单，参与人数灵活，而且技术动作简单、易于掌握，游戏性强，运动负荷可大可小，具有非常显著的组织灵活性。

2. 群众基础广泛

作为轻巧型的小球类运动，羽毛球具有娱乐性、技巧性、智能性和对抗性等特点。这些特点使其能满足不同年龄、不同水平的爱好者的需求，因此参与者众多，有着广泛的群众基础。

3. 技战术打法与比赛时间的不确定性

羽毛球运动有很多不确定性，主要体现在技战术打法不确定和比赛时间不确定两个方面，这给羽毛球比赛带来不可预测性，使比赛更有悬念，增加了比赛的观赏性。

4. 要求运动者具备全面的身体素质

羽毛球运动的不确定性决定了参与者必须具备全场立体攻防的能力，如此才能在紧张激烈的比赛中察觉到对方的意图，占据比赛的主动，获得比赛胜利。而且羽毛球是全身性运动，参与这项运动时整个身体都要动起来，上肢挥臂击球和下肢移动动作都很频繁，这也要求参与者具备良好的身体素质。总体而言，参与者应具备以下基本素质。

（1）要求运动者具备良好的爆发力量。

（2）要求运动者具备良好的耐力素质。

（3）要求运动者具备良好的灵敏与协调素质。

（二）羽毛球运动场地与器材

1. 场地

羽毛球运动场地是一个长方形，用宽 40 毫米的线画出，所有的线都是它所界定区域的组成部分。场地规格如下：

（1）场地长为 13.40 米。

（2）单打场地宽为 5.18 米，对角线长为 14.366 米。

（3）双打场地宽为 6.10 米，对角线长为 14.723 米（图 1–1）。

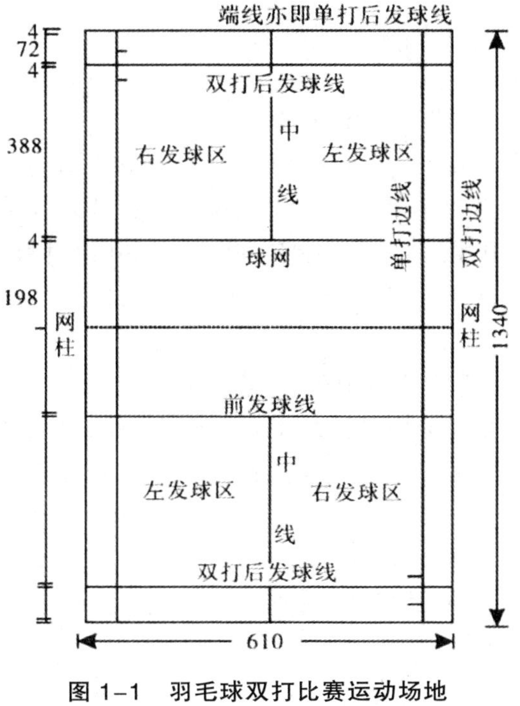

图 1–1　羽毛球双打比赛运动场地

2. 球网

羽毛球比赛场地的球网长、宽分别为610厘米和76厘米，球网的制作材料是优质深色的天然纤维或人造纤维，网孔大小大约15～20毫米。球网上缘缝有一道用钢丝或绳索穿起来的对折白布边，宽75毫米，将其拉至与网柱顶端齐平。

3. 网柱

在双打球场的边线上放置网柱，从地面算，网柱高（网高）1.55米。球网中部上沿与地面相距1.524米。如不方便放网柱，要通过其他方法将边线通过网下的位置标明，要有明显标志。

4. 羽毛球

羽毛球的制作材料可以是天然的，也可以是人造的，也可以将二者混合起来。

（1）重量

羽毛球的重量为4.74～5.50克。

（2）样式规格

羽毛球是在半球形软木球托上插上16根羽毛。软木球托的直径在25～28毫米范围内，圆形托底，用一层白色薄皮革包住。托面到羽毛尖的长度就是羽毛的长度，为62～70毫米。分别在球托上1.25厘米和2.5厘米的地方用线将羽毛扎牢，也可以用其他材料。羽毛上端围成一个直径58～68毫米的圆形。用泡沫头制成的球或尼龙球也可用于一般的比赛中。

严格来说，羽毛球运动中所用的球有训练用球和比赛用球之分，训练用球是用鸭毛制成的中低级羽毛球，比赛用球是用鹅毛制成的高级羽毛球，它们都是室内用球。室外训练比较适合用泡沫头球及塑料球，也可以用室内用球。

我国生产的羽毛球品牌非常多，有些是全国比赛用球，上等质量，一般的羽毛球运动爱好者可以根据自己的实际条件选择不同品牌的羽毛球。

5. 球拍

球拍最长 68 厘米，宽最大 23 厘米，球拍框形状为椭圆形，拍弦面最长 28 厘米，宽最大 22 厘米。球拍的重量是 78 ~ 120 克，此重量不包括弦。拍框中间用化纤尼龙线或羊肠线穿织而成。球拍一端的握把长 39.5 ~ 40 厘米，直径最大 2.8 厘米。球拍不能有突出部、附加物，球拍的规定式样不能改变。

参与羽毛球运动，首先要选择好球拍，以弹性好、重量适宜最佳。市场上的球拍以中低档为主，这些球拍普遍的缺陷是上弦不紧，球弦弹性差，这会对球的飞行速度和远度造成不好的影响。羽毛球爱好者不仅要会选拍，也要自己学着上拍弦、修补断弦，这样不仅节省时间和金钱，而且球拍也是称心适用的，一举两得。

下面简单阐述球拍、拍弦的选购方法。

（1）球拍的选购

我国市场上出售多种多样的羽毛球拍，大致可以把这些球拍归为以下几种类型。

①全碳素外加钛、纳米成分一体成型羽毛球拍，如国家队使用的日产 YONEX 球拍，地方省市队使用的凯胜、威克多、波利、富利特、佛雷斯、伟士等国产名牌球拍。这种类型的球拍深受世界级选手、经济条件好的羽毛球爱好者的欢迎。

②中档碳素杆，拍框为铝合金。

③钢杆木框羽毛球拍和木制羽毛球拍。

④中低档的钢杆铝合金拍。

羽毛球运动者应该从自己的爱好、经济条件出发挑选不同档次和型号的球拍，不必一定要选世界名牌。一般而言，上面的第一种羽毛球拍，性能差距小，都比较轻，弹性良好，也很牢固，但品牌不同，价格就会有很大的差别。技术水平较高的选手，尤其是攻击型选手，适合选择略重一些的球拍，使攻击威力变得更强一些；守中反攻或防守型选手适合选择略轻一些的球拍，以灵活挥拍防守。儿童一般选择拍柄较细的特制羽毛球拍，以方便握拍。

选购球拍时，球拍的弹性是要重点考虑的一个因素，拍杆在掰动时如果几乎没有任何弯度，说明弹性差，不宜选购。由三通连接的球拍，如碳素杆加铝合金框，连接处断裂或脱胶的可能性大。所以要特别认真地检查。轻微扭动球拍框，如果发现松动，或听到有响声，则不宜选购。

（2）球弦的选购

市场上的羽毛球拍弦主要有尼龙弦、化纤弦、牛筋弦、羊肠弦等，化纤弦属于高档弦，比赛中最常用。北京产的羊肠弦有良好的弹性，但容易断裂。尼龙弦比较低档，弹性一般，但价格亲民。

二、羽毛球运动的起源与发展

（一）羽毛球运动的起源

法国著名画家乔丹的一幅题为“羽毛球”的油画作品是最早和羽毛球有关的文字记载，这是一幅少女手握羽毛球拍击球的油画，画中的球拍穿有网弦，球由五颜六色的羽毛插在球托上制成。由于不同国家、民族有文化差异，尤其是语言差异，所以关于原始羽毛球的命名五花八门，而且这项运动究竟起源于何地，是什么时候出现的，历史上流传着众多说法。概括而言，关于羽毛球运动的由来主要有以下几种游戏起源说。

1. 中国古代游戏

我国古代曾流行过一种用木板拍击球（带有装饰）的游戏，游戏方式与现代羽毛球运动相似。其实这种类似的游戏至今仍有流传，比如用木板拍击鸡毛毽现在是贵州苗族人经常玩的一种游戏。

2. 日本“追羽根”游戏

日本贞享二年（1685）流传着一种在新年正月里女子用羽子板玩“追羽根”的游戏，这也类似于今天的羽毛球运动。之后日本出现了一种两人用木制球拍对击插上羽毛的樱桃核的游戏，并在欧洲和亚洲国家流传，但是因为球不结实，飞行速度过快而无法控制，所以并没有流行很长时间。

3. 印度乡土游戏

19 世纪中叶，印度流传着一种名为 Poona 的游戏，这种游戏的玩法与现代羽毛球很相似，即两人手执木板来回击球，球用中间插羽毛的圆形硬纸板制成，和毽子比较像。该游戏在世界很多国家都有一定的传播，所以有人称羽毛球运动的前身是印度 Poona 游戏。

4. 英国拜明顿村的故事

1870 年，英国格罗特郡拜明顿村（Badminton）的波福特公爵在自己的庄园中接待由印度返英度假的英国军官，这些军官因长期在印度生活，熟悉当时印度流行的 Poona 游戏，因此在此次接待仪式中便进行了相关表演，该游戏很快流行于英国，并用“拜明顿的游戏”来命名。当时游戏中所用的球类似于毽子，将毽子板作为球拍。之后游戏器材逐渐改良，与今天的羽毛球运动越来越相似。人们为纪念拜明顿村兴起的羽毛球运动，遂以 Badminton 正式命名羽毛球。

总的来说，羽毛球运动在日本起源，在印度成形，在英国兴起。

（二）世界羽毛球运动的发展

关于世界羽毛球运动的发展历史，简单概括如下。

（1）法国著名画家乔丹的油画作品“羽毛球”（The shuttle cock）是最早关于羽毛球运动的文字记载。

（2）1870 年，出现了用羽毛、软木做的球和穿弦的球拍。1873 年，羽毛球运动在英国开展起来，羽毛球的名字“Badminton”被确定下来。当时羽毛球活动场地是葫芦形，直至 1901 年才出现长方形场地。

（3）1875 年，印度普纳制定了世界上第一部羽毛球比赛规则。1878 年，英国重新制定规则。

（4）1893 年，英国羽毛球协会成立，这是世界上最早的羽毛球协会，1899 年，该组织举办了第 1 届全英羽毛球锦标赛。

（5）1934 年，由加拿大、丹麦、英国、法国、爱尔兰、荷兰、新西兰、苏格兰和威尔士等国家和地区发起了国际羽毛球联合会，总部在伦敦。同年，国际羽联第一任主席汤姆斯爵士捐资制作了一座奖杯，该奖杯作为世界羽毛球男子团体赛的流动奖杯颁发，所以世界羽毛球男子团体赛又称“汤姆斯杯赛”。从此，世界羽毛球比赛日渐增多。

（6）1934—1947 年，欧美羽毛球选手（丹麦、美国、英国、加拿大等）在世界羽坛称雄。

（7）1948—1949 年举行的“汤姆斯杯”赛中，马来西亚队荣获冠军，亚洲人称雄世界羽坛的时代由此开启。在 1948—1979 年间的 11 届汤姆斯杯赛中，印尼队夺冠 7 次，马来西亚队夺冠 4 次。

（8）20 世纪 60 年代前期，中国队后来居上，在 1963 年、1964 年打败世界冠军印尼队，1965 年又全胜北欧诸强，被誉为“无冕之王”。20 世纪 60 年代后期，亚洲羽毛球队在世界羽坛的地位显著提升。

（9）20 世纪 70 年代以来，印尼队和中国队的男子羽毛球技术领先世界其他国家。1978 年 2 月，香港成立世界羽毛球联合会，该组织于 1981 年 5 月与国际羽毛球联合会正式合并，合并后使用国际羽毛球联合会的统一名称，同时，国际羽毛球联合会重新恢复了中国在国际羽联的合法席位，中国羽毛球进入了称雄世界的光辉时期。1982 年，首次参加汤姆斯杯赛的中国队摘得冠军。20 世纪 70 年代后期开始，日本、韩国、泰国等国家的羽毛球技术也进步明显，在世界比赛中的表现可圈可点。欧洲丹麦、英国等国家羽毛球技术水平稳步提高，至今仍是亚洲的强劲对手。这一时期，中国、印尼、日本的女子羽毛球三足鼎立。1982 年，首次参加全英锦标赛的中国队包揽了女子单打冠亚军和双打冠军。

（10）20 世纪 80 年代后期，马来西亚、韩国羽毛球队在世界羽毛球大赛中多次荣获男子团体冠军、双打冠军。女子方面，保持领先地位的依然是中国、印尼，韩国女子羽毛球队迎头赶上，成为一支劲旅。

（11）20 世纪 90 年代，我国一批优秀羽毛球选手相继退役，羽毛球选手青黄不接。反观印尼，经过多年人才培养后涌现了一批后起新秀。这一时期，韩国、马来西亚也有涌现出优秀的新人球手，国际羽坛群雄追逐，竞争十分激烈。

（12）羽毛球运动在 1988 年汉城奥运会上被列为表演项目，1992 年羽毛球运动成为巴塞罗那奥运会的正式比赛项目，共设男子单、双打和女子单、双打四个项目。混合双打项目是在 1996 年亚特兰大奥运会上增设的。羽毛球运动进入了奥运会大家庭后迎来了辉煌时代。

（13）2006 年 5 月，羽毛球世界联合会决定实行 21 分的新赛制，每场比赛采取三局两胜制，先到 21 分的一方赢得当局比赛，该赛制沿用至今。

（14）中国队自 1982 年起直到 2010 年连续四次赢得了汤姆斯杯。2012 年，中国队包揽了伦敦奥运会羽毛球项目 5 枚金牌，实现历史性突破。但在 2016 年里约奥运会和 2020 年东京奥运会上，中国羽毛球队仅得两金。可见世界羽坛竞争格局变化很大，中国队已经失去了一家独大的垄断地位。

（15）当前，从世界羽毛球竞争局势上来看，以丹麦为首的欧洲国家正在崛起，实力不可小觑，印尼也强势复出，韩国队的表现也相当出色。以印度、泰国和中国台北为代表的新兴羽毛球国家和地区，正逐步在某个单项上形成竞争力，给世界羽坛格局带来极大冲击。传统羽毛球强国马来西亚也正从低谷中逐渐攀升。总之，世界羽毛球局势不再是少数国家队垄断的局面了，而呈现出均衡发展的趋势，这对世界羽毛球运动的发展是比较有利的。

（三）中国羽毛球运动的发展

虽然中国羽毛球运动起步比较晚，但发展速度快，大概经历了以下几个发展阶段。

1. 起步艰难

20世纪初期，现代羽毛球运动传入我国，最早主要在上海开展这项运动，随后传播到广州、天津、北京等城市的基督教青年会和学校中。中华人民共和国成立后，我国体育运动蓬勃发展，羽毛球运动迎来了良好的发展机遇，群众基础不断扩大。我国首次举办全国性羽毛球比赛是在1953年，地点是天津，但当时参赛队伍只有5支，参赛选手只有19名，规模较小，影响范围不够广泛。

2. 赤子报国

1959—1961年，从印度尼西亚回国的方凯祥、汤仙虎、侯加昌等人将印尼先进的羽毛球技术与打法带入我国，并完成了对国家集训队的组建工作。继而，在归国华侨青年的努力下，我国东南沿海城市纷纷组建羽毛球队，华侨成为队中骨干。归侨青年羽毛球技术水平较高，提升了羽毛球队的整体水平，他们也是后来很长一段时间内我国羽毛球发展的中坚力量。各地纷纷组建羽毛球队后，羽毛球运动员不断学习羽毛球理论与技术打法，在步法、击球技术上取得了突破，并从实战中总结经验，借鉴乒乓球运动经验，提出了“以我为主、以快为主、以攻为主”的积极打法，“快、狠、准、活”的中国羽毛球技术风格也逐步形成。我国羽毛球运动员志向高远，渴望为国争光，自觉贯彻“三从一大”训练方针，技术水平不断提高。

3. 无冕之王

1963—1965年间，中国羽毛球队在中国与印尼的京城大战、第1届新兴力量运动会、印尼回访之战和横扫北欧系列战（统称“四大战役”）中取得了优异成绩，被誉为“无冕之王”。1964年7月16日至28日，我国召开了羽毛球发展历史上的一次重要会议——第一次全国羽毛球训练工作会议，总结了我国羽毛球事业自中华人民共和国成立以来取得的成绩，并对有价值的经验作了汇总，为此后我国羽毛球的发展提供了借鉴和奠定了基础。

4. 短暂艰难，全面恢复

1966—1976年，由于特殊社会因素的影响，我国体育事业停滞不前，羽毛球的发展步伐也由此中断。经过短暂的艰难发展后，我国羽毛球事业全面恢复，重新发展，在世界大赛中的成绩十分可观。1977年2月，中国羽毛球队获得第1届亚洲羽毛球锦标赛的3枚金牌（男单、女单、女双）。1979年6月，中国羽毛球队获得第1届世界杯赛的男团、女团冠军；第2届世界羽毛球锦标赛的男单、女单、男双3项冠军。

1981年5月，国际羽联重新恢复了我国在国际羽联的合法席位，中国羽毛球运动员从此便逐鹿世界羽坛，争夺世界冠军，为国争光。1981年7月，中国羽毛球队在第1届世界运动会上夺得4枚金牌（男单、女单、男双、女双）。1982年5月，英国伦敦举行第12届“汤姆斯杯赛”，中国队击败世界羽毛球强队印尼队，夺得冠军。1985年6月，中国羽毛球队在第4届世界羽毛球锦标赛获得3枚金牌（男单、女单和女双）。1986年，在第14届“汤姆斯杯赛”和第11届“尤伯杯赛”（世界女子羽毛球团体锦标赛）中，中国队均夺冠，中国羽毛球的发展进入辉煌时期。

5. 步入低谷，蓄势待发

20世纪90年代，随着一批优秀运动员相继退役，我国羽毛球运动员青黄不接，这时印尼经过多年努力，涌现了一批新秀。欧洲也重新崛起，韩国、马来西亚也有新人涌现，世界羽坛群雄逐鹿。我国由于羽毛球后起之秀不足，1992在年巴塞罗那奥运会上没有获得羽毛球项目的金牌，但很快就走出低谷，于 1995 年夺得“苏迪曼杯”，在 1996 年获得亚特兰大奥运会女子羽毛球双打冠军，1997 年再次夺得“苏迪曼杯”，中国羽毛球再次迎来辉煌。

6. 独孤求败，盛世危机

2000 年以后，我国在举国体制下大力发展竞技体育，羽毛球运动步入全盛时期，发展速度加快。

2008 年北京奥运会上，我国羽毛球队获得优异的成绩——3 金、2 银、3 铜。2012 年，中国羽毛球队获得“汤姆斯杯”和“尤伯杯”的冠军，并在伦敦奥运会上获得羽毛球项目的所有金牌（5 枚），实现历史性突破。

2016 年里约奥运会上，中国羽毛球队只获得两枚金牌，2017 年、2018 年两届羽毛球世锦赛上和 2020 东京奥运会上，中国羽毛球队分别都只获得两枚金牌。时至今日，世界羽坛竞争格局翻天覆地，中国队不再一家独大。

当今世界羽坛竞争格局变化快，羽毛球打法、技术变化多样，各国选手都在努力提升自己的综合竞技能力，我国也应紧随潮流，在追求技术打法多样化的同时，探索有中国特色的打法风格，并主动弥补不足，扬长补短，提升竞技实力，并以先进的训练理念培育羽毛球后备人才。在致力于竞技羽毛球高水平发展的同时，还应进一步普及群众羽毛球，推广羽毛球赛事，并加强羽毛球运动的职业化、产业化发展，充分发挥羽毛球运动的社会价值，提升其社会影响力，为中国羽毛球事业的持续发展开辟光明大道。

三、新时期羽毛球运动与数字化科技的融合发展

随着科技的不断发展及其在体育领域的渗透，体育运动呈现出数字化、智能化发展趋势。羽毛球运动的发展也同样受到了高新技术的影响，这项运动中对新技术的广泛应用为运动员训练、教练员管理及裁判员执裁提供了诸多便利。

科学技术在羽毛球比赛中的运用对确保比赛的公平公正性具有重要意义。近年来，在羽毛球比赛中为确保执裁的准确性和公平性，引进了计分系统和视频回放技术。比如，应用 Hawk-Eye 技术，通过多角度摄像头对球的位置和轨迹进行判断，保证了比赛场上判决的公正性和准

确性，同时也使得羽毛球比赛更具观赏性。

科技在羽毛球运动中的渗透除了表现在比赛中外，还体现在训练方面，虚拟现实技术（VR）、增强现实技术（AR）的应用使羽毛球运动员的训练体验更加逼真和个性化。羽毛球运动员可以穿戴VR眼镜或AR眼镜，在虚拟环境中比赛，模拟真实场景，提高比赛感知能力。

在羽毛球教学方面，应用数字技术构建的元宇宙虚拟世界采用虚拟现实技术，让学习者在虚拟现实中参与这项运动，使其兴趣爱好、情感需求及实践需求得到充分满足。

未来，随着现代数字化科技的不断发展及其与羽毛球的深度融合，羽毛球运动将更加数字化、智能化和个性化，这将为羽毛球参与者提供极大的便利和深刻的体验。

第二节　羽毛球与大学生身心健康的关系

一、羽毛球运动促进大学生身体健康

（一）改善身体功能

1. 改善呼吸及消化系统的功能

大学生在参加羽毛球这项有氧运动的过程中，机体需氧量增加，长时间运动可以扩大肺部容积，增加肺泡张开率，同时也会大幅度增加吸氧量，从而锻炼呼吸肌，增强呼吸系统的功能。

羽毛球是全身性运动，腰腹肌、骨盆肌等自然都会参与工作，这能够使大学生肠胃蠕动更加通畅，促进消化功能的改善，使机体更好地吸收营养，满足运动的需要。

2. 调节神经系统功能

大学生在中枢神经系统的支配下参与羽毛球运动，也有助于促进这

一机体系统功能的提升。羽毛球运动改善人体神经系统功能的作用具体表现为促进神经过程强度的提升，增强人体集中注意力的能力，提升人体均衡分配注意力的能力，使神经系统功能更灵活、完善，开阔视野，提高人体观察力的敏锐性，提升人体综合分析能力。

3. 改善循环系统功能

大学生参与羽毛球运动，能够改善心肌细胞的结构，增强心肌收缩力，使心脏供血能力得到提升，进而增加血液的能量供给，使脑细胞获得更多的养分，促进大脑思维能力的全面提升。在运动中，人体有氧代谢能力也能得到提升，从而达到燃烧脂肪、减肥塑形的目的。

（二）全面锻炼身体素质

羽毛球运动作为一项全身性运动，能够全方位锻炼人的身体素质，具体表现为增强肌肉力量、肌肉耐力，提高速度素质，改善机体灵敏性、协调性。

（三）保持青春活力

大学生参与羽毛球运动，不但能够强身健体，还能稳定与提高身体功能，使精力旺盛，保持活力，提高免疫力，预防生病。

1. 调节内分泌

长期进行羽毛球运动锻炼能够使机体获得与保持强大的免疫力，从而有效抵抗疾病，预防疾病。羽毛球运动能够调节人体内分泌系统功能，预防疾病，如胰岛素这种激素有降低血糖的作用，在羽毛球运动锻炼中可分泌出胰岛素，从而有效控制血糖。

2. 促进新陈代谢

羽毛球运动锻炼能够促进体内物质合成与分解代谢的平衡以及各项代谢功能的改善，并使机体生成更多的能量和营养成分，使机体营养需求得到满足，促进新陈代谢。

二、羽毛球运动促进大学生心理健康

(一)对认识过程的影响

1. 使运动表象成熟

羽毛球运动是常见的身体锻炼活动,大学生在羽毛球运动中进行大量的身体练习,能够达到增强体质、愉悦心理的目的。长时间的积极参与和实践锻炼还能增强肌肉运动感觉,使运动表象不断趋于成熟。

2. 使思维丰富、敏捷

羽毛球运动能够使人的思维更加敏捷,主要体现在动作思维上。大学生在羽毛球运动中要通过完成具体的动作才能产生动作思维过程。运动过程中人的动作思维往往以组合形式出现,因为身体各个部位都在不停运动,在各部位动作的基础上形成丰富、敏捷的组合式动作思维,在运动实践中解决现实问题同样离不开敏捷的动作思维。

(二)对情感过程的影响

不同的个体有不同的需要,要追求不同的事物来满足自己的需要,某一事物是否与个体的需要相符,能否满足个体需要,应该由个体自己去体验,这种体验的本质就是情感。情绪是情感的重要组成和重要表现,羽毛球运动对大学生情感过程的影响集中反映在对情绪的影响上。人的心境、激情和应激都与情绪有关,这是几种常见的情绪状态,羽毛球运动对这些情绪产生了重要影响。

心境:心境具有持久性、微弱性和色彩性,羽毛球运动锻炼能够帮助大学生产生良好的心境状态。

激情:激情具有短时性、快速爆发性和激烈性,激情这种情绪状态的外部表现很明显,如大学生在羽毛球比赛中兴奋地表现自己的技巧与能力。

应激:应激的特点是紧张、出乎意料,这种情绪状态发生在意外突如其来的情况下,这时个体必须做出某种决定,没有犹豫的时间和选择的余地。羽毛球运动经验丰富的人往往能在比赛应激条件下快速反应、判断和采取行动,在这个过程中必须高度集中注意力,主动联想过去的经验,果断决定。应激状态下的行动激活了机体器官,并使参与工作的系统的功能发生了积极变化。

(三)对个性心理的影响

1.对体育态度与行为的影响

性格的形成和家庭环境有关,每个人的体育态度和行为也与其家庭环境、家庭教育情况有关。作为社会的基本单位和道德集中点,家庭从初始意义上影响着人的性格。家长的生活态度、生活方式、行为习惯等对孩子性格的养成有重要的影响。要培养大学生对羽毛球运动的积极态度和良好行为习惯,就要从小抓起,从家庭教育抓起。家长如果喜欢羽毛球运动,养成了长期参与的好习惯,那么这种体育态度和体育行为就会给下一代的体育态度、体育兴趣以及良好运动行为习惯的养成带来积极影响,并有利于促进下一代形成正面性格。父母对孩子的态度可能会终生影响孩子的性格,所以父母要自己先树立良好的体育态度,养成良好的运动习惯,然后积极影响孩子,使其树立终身体育的意识。

大学生在学习羽毛球知识和参与羽毛球实践的过程中也能培养良好的体育态度和行为习惯,并进一步塑造性格。因此要重视激发大学生的运动动机,培养其良好的体育态度、科学的运动观和正确的健康观,鼓励大学生参与羽毛球运动,使其在运动实践中获得多方面的益处,受益终身。

2.塑造乐观性格

性格是个人对现实的稳定的态度和习惯化了的行为方式。大学生参与羽毛球运动,在运动场地、技术动作等多种因素的影响下完成对羽毛球的认识过程、意志过程、情感过程,这些过程伴随实践活动而真真实实发生、保存,使大学生形成了对这项运动的一种稳定的态度,并在实际行动中以各种各样的形式去表现这种稳定的态度,从而形成了特定的行为方式和羽毛球运动习惯。

性格是人的独特心理特征的总和。大学生坚持参与包括羽毛球在内的体育运动，能够变得意志坚定、热情开放、团结合作、坚持不懈、与时俱进。人的性格虽然具有稳定性，但不是完全不变的，在特定环境的影响下人的性格可能会有所变化。大学生长期参与羽毛球运动，不断陶冶情操，丰富情感，久而久之可以形成更好的性格，这种变化主要表现为内向变外向、胆小变勇敢、被动变主动、消极变乐观等。

3. 塑造与健全人格

人格是指人的性格、气质、能力等特征的总和，也指个人的道德品质和人作为权力、义务的主体的资格。人格魅力则指一个人在性格、气质、能力、道德品质等方面具有的吸引人的力量。一个人如果人格魅力巨大，那么他就拥有智慧、力量等无形的财富，在社会上也会获得更多的温暖，发展的机遇也很多。在快节奏的社会生活中，人们面临重重压力，这时人格魅力对一个人来说就更加重要了，它是人们克服压力、走出困境、勇往直前和获得帮助的重要工具。羽毛球运动对塑造人格和提升人格魅力具有重要影响，主要表现如下。

（1）塑造智慧人格

在羽毛球运动教学、训练中，大学生既要对身体动作达到一定的熟悉度，并在内心产生相应的情感，同时还要掌握一些外在的表现技巧。而且在对抗性的羽毛球游戏或比赛中，大学生还要思考应对战术，这有助于培养大学生的思维能力和智慧，提升其智力水平。

（2）塑造道德人格

人要经历很长的过程才能形成道德人格，影响道德人格形成的因素有很多，其中教育的影响非常显著，羽毛球教学在很大程度上影响着学生道德人格的养成。例如，在羽毛球教学中，学生参与双人或多人羽毛球活动，在实践中相互帮助、合作，树立团体意识，培养团结协作精神，不但有助于提高教学效果，还有利于对学生的良好道德品质进行培养，促进学生道德人格的养成和提升。

第三节　羽毛球运动文化解析

一、羽毛球运动文化的内涵

羽毛球运动有丰富的文化内涵，羽毛球文化是体育文化的重要组成部分，其基本表现形式是围绕羽毛球开展的所有外显的活动，承载着一定的体育道德、体育价值以及体育意识。羽毛球文化是关于羽毛球运动的所有物质财富和精神财富的总和。

羽毛球运动文化是以羽毛球活动为基本形式的社会现象，其体现了与羽毛球有关的意识、观念和思想，对促进健康、陶冶情操、培养精神、塑造个性等具有积极意义。

羽毛球运动的文化内涵主要体现在物质文化、制度文化和精神文化三个方面。

（一）物质文化

羽毛球物质文化是羽毛球文化结构中的表层部分，指的是羽毛球运动的场地、器材、设备等由人类围绕羽毛球运动加工的各种看得见、摸得着的有形载体。

（二）制度文化

羽毛球制度文化在羽毛球文化结构中居于第二层，其主要内容有羽毛球竞赛规则、羽毛球裁判法以及符合规则要求的羽毛球技战术行为。

羽毛球运动的发展离不开羽毛球制度文化的支撑，羽毛球文化的思想、法规等都贯穿于制度文化中。羽毛球制度文化对羽毛球技战术的发展以及羽毛球的整体发展具有规范与约束作用。羽毛球精神文化对羽毛球制度文化具有一定的指导性，精神文化的内容也能从制度文化中体现出来。在羽毛球文化发展中起重要作用的执行机构、决策部门、指挥机关等都是来自制度文化中的组织机构。

(三)精神文化

羽毛球精神文化位于羽毛球文化结构中的核心层,是最核心的组成部分,具体包含羽毛球运动的思想、理论、谋略等基本内容。羽毛球文化的性质是由羽毛球精神文化决定的,羽毛球物质文化与制度文化也在很大程度上受到羽毛球精神文化的影响。在羽毛球文化的形成与发展中,精神文化发挥了非常关键的作用。

羽毛球文化中的精神主要从人文羽毛球、羽毛球本质和规律、羽毛球技战术理论、羽毛球思想谋略中体现出来。羽毛球的基本观念、重要价值都体现于精神文化的内容中。羽毛球精神文化的核心地位决定了其在羽毛球文化发展中是最为核心的动力。

二、羽毛球运动文化的功能

(一)健身功能

羽毛球运动是综合性运动,大学生参与形式多样的羽毛球活动,有助于促进身心健康,锻炼综合能力。具体可以从生理学和心理学视角来分析羽毛球文化的健身功能,参考本章第二节。

(二)增智功能

现代羽毛球运动发展的科学化、谋略化、技艺化趋势越来越鲜明,羽毛球文化的发展水平也因此不断提升,表现出技术与智谋的渗透结合。因此,参与羽毛球运动,要从中汲取文化营养,不断丰富文化知识,这样才能更好地理解羽毛球运动的本质。羽毛球运动能够使参与者大脑的物质结构和机能状况得到改善,促进思维能力的提高,为智力的开发与提高创造良好条件。

（三）娱乐功能

各种各样的体育运动使体育爱好者成为主动的体育实践者，从而为终身体育生活打好基础，使其形成积极健康的生活习惯。人们通过参与羽毛球文化活动，可以对体育道德文化、体育知识、体育方法和体育技能有一定的了解与掌握，同时也可以陶冶情操，增进友谊，获得良好的精神体验与享受。很多人都认为打羽毛球是一项快乐的运动，打球可以放松身心，缓解压力，调节情绪。

（四）教育功能

羽毛球运动具有良好的教育作用，能够对参与者的组织纪律性、应变性、团结协作能力、体育道德素养进行培养。开展羽毛球比赛，还能够提高参赛者的竞争意识、合作意识、创新意识，同时对其责任感、荣誉感进行培养。

第四节　高校羽毛球运动的发展现状与策略

一、高校羽毛球运动的发展现状

（一）大学生对羽毛球运动的认知水平低

我国竞技羽毛球运动发展水平较高，在国际羽毛球比赛中屡创佳绩。与此同时，大众羽毛球运动的发展也渐入佳境，打羽毛球的人数不断增加，业余比赛活动越来越多，社会氛围良好。相比而言，羽毛球在高校的开展状况不够理想，羽毛球课程在高校体育课程体系中占比较少，课外羽毛球活动类型单一，组织水平也不高，有规模的课余羽毛球竞赛更是很少，而且缺乏管理，导致开展效果不佳。羽毛球课程少、课外活动形式单一，使得大学生接触羽毛球运动的机会少，对这项运动的认知水平低，甚至还有些学生对羽毛球运动存在认识误区，认为羽毛球不像篮球、足球运动那样精彩、有趣。羽毛球运动是隔网对抗运动，虽然不像篮球、足球那样激烈，但它也有自己的魅力，这需要亲身体验才能感悟到，不能通过表面观察就说羽毛球运动不如其他运动精彩。

（二）运动场地缺乏

由于高校有关领导对普及与推广羽毛球运动的重要性缺乏高度的认识，因而对这项运动缺乏重视，从而导致在运动场地设施建设方面投入的资金少，在课程建设方面投入的物力资源和人力资源都很有限，严重制约了高校羽毛球运动的正常开展。高校在体育教育、环境建设方面的专项经费一般根据实际需要来投入不同项目中。篮球、足球、健美操等运动近年来在高校广受欢迎，人气十足，因而高校在这些方面投入的场地建设经费多一些，而投入到羽毛球相关建设中的经费就比较少。大学生打羽毛球通常都是在综合性的操场上，室内羽毛球馆很少对外开放，而且一些场馆设施陈旧，得不到及时维修和更换。总之，很多高校现有的运动场地设施资源条件无法满足羽毛球教学与训练的需要，无法提供良好的基础条件，从根本上制约了羽毛球运动的开展。

（三）师资队伍不能满足需要

随着高校体育教育改革不断深入，高校体育教育水平不断提高，很多普遍性的问题正在稳步解决，体育教育发展总体趋势良好。但高校体育教育改革也有不足之处，主要表现为没有突出改革的重难点，忽视了师资建设和师资培养制度的改革，导致体育师资水平落后，与高校开展较好的体育项目的发展盛况不匹配。

高校体育师资建设总体状况不佳，羽毛球在高校受重视程度不够，因而专业师资建设更是显得滞后。一些高校的羽毛球授课教师非专业出身，入职后也没有接受系统的培训，教学理念落后，教学方法单一，教学模式粗浅，严重制约了羽毛球教学的改革与发展，影响了羽毛球功能的发挥和大学生羽毛球素养的提升。

二、高校羽毛球运动发展的对策分析

(一)提高大学生对羽毛球的认知水平

羽毛球集竞技性、健身性、娱乐性于一身,对场地器材要求不高,而且运动强度和篮球、足球等相比也比较小,因此很适合在高校推广和普及。大学生参与羽毛球运动的积极性不高与其缺乏这方面的认知有很大的关系,因此高校要加强对羽毛球运动的宣传与推广,可以通过羽毛球明星的事迹和精神来宣传这项运动的魅力和意义,激发大学生对这项运动的兴趣与好奇心,使大学生主动了解羽毛球运动,学习理论知识,提高认知水平,并积极参与其中,亲身体验它的魅力,最终喜欢上这项运动,将此作为课余生活中运动锻炼的一部分。

(二)加强羽毛球运动场地建设

羽毛球场地建设相对简单,耗费的材料并不是很多,中央网和球界标识是最主要的部分,只要做好这两方面的建设工作,就基本能解决场地问题了。如果高校在运动场地建设规划阶段没有关于羽毛球场地建设的规划,那么很难腾出专门的场地来建设羽毛球场地,这时可以考虑在空旷的场地使用可移动性中央网,并用可擦拭的记号笔画出球界标识,这样就能使用了,方法简便易行,也不需要投入很多资源,还能提高校园土地资源的利用率。有条件的高校可以建设专门的羽毛球场馆,这样能够解决恶劣天气大学生无法在户外打羽毛球的问题,而且羽毛球场馆也可以用来组织比赛,减少户外环境因素对羽毛球比赛的干扰。

(三)加强专业教师队伍的建设

教师在高校羽毛球教学中居于主导地位,扮演着至关重要的角色,组织和指导教学活动的顺利开展。作为一名优秀的羽毛球教师,仅仅具备出色的技术能力是远远不够的,还需要具备扎实的理论知识、熟练的语言表达能力、出色的教学设计能力、良好的课内外羽毛球活动的组织管理能力以及科研能力等。为提高羽毛球教学质量，羽毛球教师必须不断完善自己，促进自己在专业素质、综合教学能力等方面的发展和提高。高校要加强对在职教师的培训和对优秀羽毛球人才的引进，提升羽毛球教师的综合素养，建设高水平的羽毛球师资队伍。

（四）举办交流比赛

在高校羽毛球运动的开展中，除了要开设羽毛球课程，组织实施羽毛球教学外，还要举办丰富的羽毛球比赛，以趣味性友谊赛为主，突出比赛的娱乐性和观赏性，满足学生娱乐身心、放松减压的需要。友谊赛是交流性质的，可以是同班同学的交流对抗，也可以是班级之间或院系之间的交流对抗，甚至在时机成熟之际还能举办校际羽毛球交流比赛。为调动学生参赛的积极性，可以设置物质奖励。高校体育部门应全面支持羽毛球赛事的举办，提供必要的支持与指导，同时要做好医务监督工作，防止学生在比赛中受伤，及时处理运动损伤事件，保障学生的安全，减少参赛者的担忧。

第二章

高校羽毛球教学的开展与改革创新

羽毛球教学是高校开展羽毛球运动最重要的形式，羽毛球教学水平也自然成为衡量高校羽毛球开展水平的主要指标。高校开设羽毛球课程，组织羽毛球教学活动，应遵循科学理论的指导，构建包含先进教学理念、恰当教学内容、多元教学方法、可行教学模式以及合理教学评价等在内的羽毛球教学体系，并在羽毛球教学实践中不断加强对体系内各教学要素的改革与创新，促进羽毛球教学体系的不断完善，最终提升高校羽毛球教学水平。本章主要对高校羽毛球教学的开展与改革创新展开研究，主要内容包括高校羽毛球教学的基础理论、羽毛球教学内容的合理选择、教学方法与改革、教学模式与创新以及教学质量评价体系构建。

第一节　高校羽毛球教学的基础理论

一、高校羽毛球教学理念

（一）健康第一理念

在时代不断进步、经济迅猛发展的今天，我国对人才的需求越来越严格，对全面型人才的需求持续增加，因此学校教育在培养人才方面越来越注重全面发展。学生作为国家的未来和民族的希望，承担着一定的学习压力和就业压力，很多学生的时间被学习占满，还要为就业做准备，因而没有多余的时间参加体育锻炼，最终造成了学生体质健康水平下降的现状。而且一些普通高校对体育教育不太重视，对课外体育活动的举办也没有给予足够的支持与鼓励，而且组织体能测试不够严格，导致学生的健康无法得到有效的保障。健康是奋斗的“本钱”，如果学生身心不健康，是没有精力奋斗的，最终也没有能力为祖国建设贡献力量。为了更好地培养全面型人才，推动国家现代化建设，高校要树立“健康第一”的教学理念，在这一教学理念下制定高校羽毛球教学政策与计划，加强羽毛球教学改革与创新，高度重视在羽毛球教学中对学生健康体质的培养，为国家培养身心健康、全面发展、专业突出的栋梁之才。

（二）人本教育理念

人本主义理论的核心思想是以人性为中心探讨技术性因素的发展，然后促进人与自然环境、社会环境的和谐发展。人本主义思想体现了对人性、个性的尊重，对促进人的全面发展具有重要意义。现在，人本主义理论受到了广泛认可，很多领域都引进了该理论，在这一理论思想指导下开展工作，教育领域同样如此。将人本主义理论引进教育领域，将该理论的核心思想与教育的特征相结合，从而形成了人本教育理念。

人本教育理念的基本思想是，教育活动是围绕学生主体展开的，应该将教学活动的中心定位在学生角色上，而不是教师，要围绕学生这个中心角色的兴趣爱好、个性需求而设置课程，实施教学过程，要根据不同学生的不同情况而进行区别化、个性化教学，要将所有学生的潜能充分激发出来，促进每个学生健康与发展。

总的来说，人本教育理念尊重人的本质属性，并由此出发通过科学教育满足人们的心理需求，实现人的个性化发展目标，促进人生命质量的提升，从一定程度上而言，这与全面发展的教育理念是非常契合的。高校羽毛球教学要树立人本教育理念，以学生为本，围绕学生开展教学活动，最终促进学生的发展。

（三）游戏化教学理念

高校羽毛球教学如果缺少了乐趣，单纯严肃地讲解羽毛球知识，传授羽毛球技能，那么学生就会在枯燥的教学中失去兴趣，最终影响教学质量。所以，开发羽毛球的趣味元素，或将有趣的游戏融入羽毛球课堂，或根据羽毛球运动的特点设计各种技术游戏，从而增加羽毛球教学的趣味性非常重要。这就需要在羽毛球教学中树立游戏化教学理念，强调培养学生对羽毛球的兴趣和创造力的重要性，让学生的身体素质、运动员能力在充满趣味、轻松活泼的游戏中得到提升。

在羽毛球教学中采用游戏教学法时，既可以借助羽毛球设计一些提升学生基本身体素质的游戏，也可以设计专门的羽毛球技术游戏，从而活跃课堂氛围，提高学生学习的积极性和学习效果。

（四）终身体育理念

人们在任何时间和地点都能根据自身实际情况和现实需要而从事适宜的体育锻炼活动，这就是一般意义上的“终身体育”理念。终身体育包括学校体育、家庭体育、社会体育，这是从终身体育的构成空间上而言的。不管是什么类型的体育，都充分彰显了体育运动的重要价值，如强身健体、愉悦心理、陶冶情操、防治疾病、延年益寿、社会交往等。鉴于体育运动对人的一生都有重要意义，体育教学中必须树立终身体育理念，构建终身体育教学体系，促进体育教育的深化与拓展。羽毛球教学是体育教学的重要内容，在教学实施中同样也要树立终身体育理念，并在终身体育教学体系的指导下开展教学工作，使羽毛球运动伴随学生一生，为学生的健康提供终身保障。

二、高校羽毛球教学原则

（一）兴趣原则

高校实施羽毛球教学时，要格外重视学生的兴趣表现。一般而言，学生对外界充满了好奇心，愿意探索新奇的事物，兴趣是他们最大的动力。但是由于每个学生都具有一定的天性差异，有的喜欢偏游戏类的羽毛球活动，有的更喜欢攻守激烈的竞技羽毛球比赛活动。这就需要教师在调动学生兴趣爱好、尊重学生个人兴趣的基础上，根据学生的兴趣爱好进行羽毛球教学，这有助于充分调动学生学习的积极性和主动性。

（二）从实际出发原则

从实际出发原则是指教师在实施羽毛球教学时，应该根据实际情况灵活地安排对学生发展最为有利的教学内容。比如，按照教案的安排，一节课有几个简单的步伐或技术，但是如果学生对该动作都已经非常熟悉，失去新鲜感和热情的话，教师应根据实际情况迅速作出相应调整，通过增加或降低难度、调整教学内容、变化教学方法等手段进行相应的变动与创新，选择最能激发学生参与热情的方式进行教学。因为只有学生全身心参与，才能获得良好的教学效果，真正使学生受益。

（三）适量性原则

适量性原则是指在羽毛球教学活动过程中有意识地控制练习时间、

强度和密度，防止过大的运动负荷造成学生过度疲劳或受伤。一定要在安全的前提下进行教学，在运动负荷的安排中遵循适量性原则，防止学生过度疲劳或过度兴奋，以免影响身心健康。羽毛球教学的形式、内容、运动负荷都要符合适量性要求，在教学实施过程中具体要注意如下几点。

1. 合理调节负荷、节奏

根据学生的认知能力，一般在课堂教学前半部分可安排有一定认知难度的内容，比如新的或较难的动作，而后半部分则以难度较小或带有复习性质的内容为主。这样既保证了学生可以学习新内容，同时难度又不会过大，不会使学生产生畏难情绪。从学生的情绪来看，应遵循循序渐进的原则来安排运动负荷，如果一上来就安排让学生情绪过度兴奋的内容，会影响新动作的学习和掌握，因此，可以在后半部分适当地让学生的情绪释放，自由练习。

2. 科学安排时间

在羽毛球教学过程中，教师要对教学时间有合理的把握，包括教师讲解和示范时间的比例要适量，如果时间太短，学生还不能完全理解，如果时间太长，学生的注意力容易转移。

3. 课前做好准备工作

没有专门羽毛球场馆的高校实施羽毛球教学活动多是在户外，这需要教师提前对天气情况有所了解，同时还要确保场地和相应设施的安全，这些都要求教师在课前做好充分的准备工作。此外，教师还要根据季节和气温情况调整教学中的运动负荷。在炎热的夏季避开日照强烈的时间段，选择活动量小的内容；在寒冷的冬季可适当增加练习密度和运动负荷。

（四）差异性原则

差异性原则是指教师在羽毛球教学过程中要充分考虑学生的个体差异。因为学生体质健康水平、运动基础、学习能力等存在差异，所以不适合采用一刀切的教学方法。羽毛球教师要根据学生的个体差异程度采取不同的教学方法，对不同水平的学生进行不同的指导，做到因材施教。这就要求羽毛球教师要具有丰富的教学经验，对学生的身心发育规律、体能差异、运动水平差异有一定的了解和掌握，并能够敏锐地观察每个学生在羽毛球学练中的表现，进行适时的、正确的引导。

（五）师生协同原则

高校羽毛球教学中，教师的教与学生的学密切相关，相互影响，相互作用，整个教学过程也可以看作是教师与学生互动、协同完成教学任务的过程。鉴于高校羽毛球教学的这一特征，在教学中贯彻师生协同原则非常必要。在高校羽毛球教学中，既要承认与尊重教师的主导地位，也要高度重视与尊重学生的主体地位，羽毛球教师发挥的主导作用与学生主体的能动性相互促进与协调，此外，也要特别强调学生发挥主观能动性对提高教学效果的重要性。

在羽毛球教学中贯彻师生协同原则，要做到以下几点要求。

（1）羽毛球教师与学生之间要建立良好的互动关系。

（2）羽毛球教师要使学生掌握适合自己的学习方式，将其学习的主动性与积极性调动起来。

（3）教学过程生动有趣，课堂氛围和谐融洽，师生互动体现出民主性。

（4）师生平等对话，提高互动质量。

第二节　高校羽毛球教学内容的合理选择

一、羽毛球教学内容的科学编排

（一）从已知到未知进行编排

在羽毛球教学内容的编排中，如果新的教学内容比学生已掌握的教学内容的概括程度高，新旧内容之间不是从属关系，就要贯彻从简单到复杂、从容易到困难、从浅到深的编排准则，使教学内容体系有层次性，使不同教学内容之间的关联更清晰，使前面所教的内容为后面新内容的教学奠定基础，使学生通过学习某一内容而形成“认知固定点”，并为学习后面的新内容做好铺垫。羽毛球教学内容结构有一定的序列性，对某个结构的掌握是学习另一个结构的基础，如果不具备前面的条件，就难以顺利进入新的学习阶段，就会增加后面的学习难度。

（二）由一般到个别进行编排

在以掌握原理为目的的教学内容的编排中，居于中心地位的应该是基本的概念、原则和原理。从这点出发，应该先对最具有一般概括性的羽毛球教学内容加以陈述，然后进一步分化具体教学内容和特殊教学内容。因为如果是首次接触熟悉度不高的知识领域时，只有将该领域教学内容的理论思想阐释清楚，才能在科学理论思想的指导下对特定领域的教学内容进行分类和系统化整理。一般比较容易和常规的做法是从整体中分化出细节，通过若干细节将整体串联起来。如果可以从最一般和最具概括性的概念与原理入手来编排教学内容，就能使学生形成比较稳定的基本认知结构，从而在其他类似教学内容的学习情境中比较容易地掌握新内容。

（三）注意不同教学内容的横向联系

在羽毛球教学内容的编排中，不仅要注意不同教学阶段教学内容的纵向联系，也就是教学内容的连贯性，还要注意不同教学内容之间的横向联系，具体表现为不同单元教学内容的联系和不同教学内容之间在知识原理、运动技能与情感上的协调与衔接，关注教学内容的横向联系，并有序安排丰富多彩的教学内容，有助于学生在学习中达到融会贯通的效果。如果在教学内容编排中不重视横向联系，就无法使学生在学习新内容时与原来熟悉的内容做对比，这会导致学生在新内容的学习中出现含糊不清、理解不深的问题，也容易使学生遗忘这些内容，同时对学习效果的正向迁移也不利。

二、羽毛球教学内容选择依据

为提高羽毛球教学的有效性，必须对有效的羽毛球教学内容进行选择，构建科学合理的羽毛球教学内容体系，包括理论内容体系和实践内容体系。一般而言，与羽毛球课程基本目标相符的，能够使学生发展需要得到满足的，可以使学生的学习兴趣和羽毛球运动素养得到提升的教学内容都是有效的。为保证羽毛球教学内容的有效性，在内容选择中要参考以下依据。

（一）根据教学目标进行选择

羽毛球教学内容十分丰富，大体可以分为理论类教学内容和实践类教学内容。各类内容又丰富多样，仅羽毛球技术就包含诸多具体类型，如手法技术、步法技术，握拍、发球和击球都属于手法技术，步法技术包括许多不同的移动方式。这只是对羽毛球技术的大致分类与概括。更具体一些，握拍、发球、击球等又有一系列分类和方法，不同的击球技术又有正手和反手之分，而且从场地位置的不同来看，又能够分为前场技术、中场技术和后场技术。总之，羽毛球实践教学内容非常多，只技术动作就构成了一个庞大复杂的体系。在学时有限的高校羽毛球教学中，这些技术不可能都在课堂上被传授，教师必须从羽毛球教学目标出发对能够促进学生发展的重要教学内容进行精心选择。

羽毛球教师能否从教学目标出发精选教学内容，与其自身的专业能力有直接的关系，如教师能否正确理解和准确把握各类羽毛球技术，能否处理得当，教师的教学理念、教学能力和教学技巧等都会从中体现出来，这些能力也将对羽毛球教学的有效性产生直接影响。如果教师不具备专业的教学能力，不能依据教学目标对教学内容作出合理的选择，那么接下来的教学过程将会是徒劳的，最终教学效果并不理想。

（二）根据学生实际进行选择

选修羽毛球课程的大学生，有很多在进入高校前都没有接受过羽毛球训练，更没有参加过有组织的羽毛球比赛。大部分学生只是对羽毛球感兴趣，将此作为课余爱好，课余时间参加羽毛球运动主要是为了健身、消遣、娱乐和交友，而他们对羽毛球基础知识和文化知识的掌握比较少。但也有一些大学生对羽毛球运动比较熟悉，掌握的羽毛球技术比较多，也参加过竞技羽毛球比赛，这些学生往往对羽毛球活动场地、教学过程有较高的要求。鉴于不同大学生的羽毛球基础水平有高低差异，因此在高校羽毛球教学中应尽可能从学生实际出发选择能够满足不同学生需求的羽毛球教学内容，既要考虑基础差的学生，选择基础易学的羽毛球技术作为教学内容，使这些学生打好基础，又要考虑有一定水平的学生，选择较为复杂的、有技巧性的羽毛球技术作为教学内容，使基础好的学生得到进一步提升和发展。面向不同的学生要实施不同的教学内容，在实施过程中做到因材施教。

除了要根据学生的实际情况选择新的教学内容外，还要立足学生实际处理已有教学内容。根据实际情况合理加工与整合教学内容，拓展与完善教学内容体系，适时调整教学内容的顺序，从而提高教学内容的实施效果。例如，若在羽毛球技术课上传授网前正手击球技术，一般要完成网前高球、网前中腰球、网前下手球这三个基础技术动作的教学，倘若教师单独传授这些基础技术，方法就是教师抛球，学生引拍击球（击高球、击中腰球和低手击球），不断重复此练习，学生难免会感到枯燥无趣，而且因为运动强度较小，所以锻炼效果和技能教学效果都不理想。如果教师能在击球教学中加入步法移动，就会使教学过程变得有趣，学生学起来也不会感到枯燥。方法为：学生做好击球准备姿势，教师隔网抛球，学生先进行一步移动击球，然后返回准备位置；教师再抛球，学生两步移动击球，两步的步伐可以不同，如先交叉步，然后垫步。这样一来，教学过程不再枯燥，学生也有兴趣练习，配合度高，而且既能掌握击球技术，又能熟练巩固基本步法动作，提升移动击球的连贯性。此外，学生的运动量也增加了，能够起到很好的锻炼效果。

（三）根据教学总课时进行选择

无论什么课程，教学时数都是一定的，都有限度。羽毛球技术较多，学生需要较多的时间不断练习才能掌握，但羽毛球课时有限度，所以为了保证教学效果，往往将一些基本的、普遍性的、常用的羽毛球技术作为主要教学内容。学生全面学习和掌握羽毛球技术是不符合实际的，至少要在羽毛球课堂教学中全面学习和掌握是实现不了的，更不可能将各项技术灵活运用到实践中。羽毛球教学内容不在多，贵在精，精不仅要求教学内容科学、合理，还要求实用，对学生发展有益。在有限的课时内进行羽毛球教学，以最基本、常用的技术为主，先主要培养学生的兴趣和基本技术能力，然后让学生课后多练习，在课余时间除了巩固课堂所学技术外，再学习一些课堂上没有教的羽毛球技术，这样才有可能全面学习和掌握羽毛球技术。

（四）根据适度原则进行选择

在高校羽毛球教学内容的选择和重组中，要充分考虑学生的可接受性，遵循适量适度原则，把握好教学内容的量。适度既包括量的适度，也包括质的适度，它反映了质和量的限度。质和量是统一的，这在任何事物中都能得到体现。要对事物的质有准确的认识，首先要对它的量有基本的认识，准确认识了量和质，才能更好地理解适度原则，并遵循这一原则。要保证羽毛球课堂教学的有效性，首先要保证教学内容量与质的统一。具体要求是：羽毛球教学内容的量必须适宜，难易程度合理。既不能一味选择简单的技术而降低了教学层次，也不能一味追求高难度技术而忽视了学生的实际水平。总之，在适度原则下对教学内容的选择一定要把握好数量的度和难易水平的度，所安排的教学内容应数量合理，难度适宜，在学生能够接受的前提下逐步促进量的积累和质的提升。

三、羽毛球教学内容选择的新要求

高校体育教学的深入改革与创新发展对各项目课程教学内容的选择提出了一些新的要求，以顺应体育教学改革与发展的新趋势。下面主要对高校羽毛球教学内容选择的技术性要求、拓展性要求和校本化要求进行分析。

（一）技术性要求

羽毛球教学内容主要包括羽毛球理论知识和羽毛球运动技能，这些教学内容应含有知识含量与技术含量，具体表现为具有知识性、技术性，同时要有挑战性和趣味性。这是因为学生探索未知事物以及通过学习愉悦身心是他们学习体育的初始动机，没有知识含量和技术含量的教学内容难以将学生的内部学习动机激发出来，也难以满足学生的心理需求，所以要精心选择有知识含量和技术水平的羽毛球教学内容。

（二）拓展性要求

在选择羽毛球教学内容的过程中，教师要将自身的主导性充分发挥出来，对能够使学生实际需要得到满足且有助于学生综合素质提高的丰富教学内容进行拓展性开发与延伸性选择，而不应拘泥于教材和传统教学资源。拓展性教学内容丰富且变化多样，具有开放性和创新性，将拓展类教学内容纳入羽毛球教学内容体系中，打破传统教学内容的结构限制，有助于激发学生学习的热情，活跃课堂氛围，有助于对学生的探索能力及自主创造力进行培养。适合引进高校羽毛球教学中的拓展性内容主要有三人制羽毛球、虚拟羽毛球、VR 羽毛球、AR 羽毛球等。

（三）校本化要求

选择羽毛球教学内容也要满足校本化要求，这是高校体育课程改革的新尝试，目的是提高课程的适应性与灵活性，促进体育课程教学的多元化发展。要满足校本化要求，就要使羽毛球教学内容符合学校实际和地方实际，体现地方特色，同时要能够体现出教师的个性化教学风格。

不同高校教学条件和环境有差异，所选教学内容要适应学校实际，在教学内容的实施中使学校教学资源得到充分利用，同时也要合理分配教学资源，为教学内容的实施提供便利。此外，对羽毛球教学内容的选择还要考虑教师的教学能力和专业素养，使教师的专业技能得到充分发挥。

总之，在满足上述条件与要求的基础上选编羽毛球教学内容，对促进高校羽毛球课程建设质量和校本课程资源开发利用效果具有重要意义。

第三节　高校羽毛球教学方法与改革

一、高校羽毛球教学的常用方法

在高校羽毛球教学中，为了达到良好的教学效果，采用科学有效的教学方法非常重要。教师在羽毛球教学中要结合各方面的实际情况和为实现羽毛球教学目标服务的宗旨来合理采用教学方法。

下面具体分析高校羽毛球教学中经常采用的几种教学方法。

（一）讲解法

讲解法是指教师使用各种符合学生认知与接受能力的语言，对羽毛球知识与技术方法进行讲解，使学生能够理解和记住羽毛球技术的动作、要领、做法及要求，通过教师的指导，学生能够顺利地掌握羽毛球知识与技术。采用讲解法进行羽毛球教学，要注意以下几点。

（1）选择简洁、形象、生动的语言进行讲解。

（2）教师在讲解时，应注意语调、节奏、表情和手势等的变化，激发学生的学习兴趣。

（3）讲解应富有启发性，可适当结合提问的方式，启发学生积极主动地思考与回答。

（二）示范法

示范法是指教师准确示范羽毛球技术方法和动作过程，让学生对羽毛球技术能够有直观的、形象的了解和掌握。教师在采用示范法时应注意以下几点。

（1）每次示范应有明确的、具体的目的。为便于学生理解与接受，教师刚开始应以放慢速度的方式进行示范，让学生清晰地看到动作过程和动作要点，方便他们掌握和记忆。

（2）选择正确的示范面。常用的示范方式有用镜面示范、侧面示范和背面示范。教师在进行示范时，应根据动作的便捷观察角度合理选用示范面。简单的动作可以采用镜面示范；如需改变方向或是路线，则采用背面示范，便于模仿学习；如需让学生看清动作的细节，可以采用侧面示范。各种示范面也可以结合使用，根据实际情况灵活安排。

（三）游戏教学法

设计与运用羽毛球游戏是羽毛球教学中常用的方法之一。羽毛球游戏将游戏和羽毛球教学内容融合起来，突出学生学习的主体性和发展的综合性，需要在教师的有效干预下去实施。设计羽毛球游戏要求将游戏与羽毛球教育融为一体，使羽毛球教学目标在羽毛球游戏过程中得以实现。设计的游戏要能够将学生的参与积极性成功调动起来。学生身心发展规律、羽毛球教学训练原理、教学任务与目标等是设计羽毛球教学游戏需遵循的理论依据。

在羽毛球游戏的运用与实施中，整个过程离不开教师的有效干预。教师的干预必须是有效的，也就是通过干预要能够对学生的学习起到积极的作用，而不是一味惩罚违背游戏规则的学生或批评没有完成游戏任务的学生。游戏教学法的运用具体包括创编游戏、选用游戏、干预控制游戏过程以及评价游戏实施效果等多个有机联系的环节。

（四）合作教学法

羽毛球是隔网对抗运动，因此在羽毛球教学中，不仅要培养学生的积极主动性和思考能力，还要采取合作教学法对学生的合作能力、竞争精神、社会适应能力进行培养。合作教学中不仅要强调学生与学生之间的合作，还要注重师生之间的合作，营造良好的课堂氛围，可以采用学习小组的教学组织方式，在教学评价中不仅要评价个人表现和成绩，还要评价小组表现，具体采用的教学手段要有助于促进学生良好心理品质的形成和合作能力的提升，增强学生的社会适应性。

在合作教学过程中，要合理划分学习小组，各小组分工明确，每个学生要清楚自己的角色，小组成员之间相互合作，取长补短。

（五）启发式教学法

传统羽毛球教学中，教师采用的教学方法具有较强的指令性，教学方式以命令学生执行某个规定为主，教师在课堂上有绝对的支配权，这严重限制了学生主体性、能动性和个性的发挥，也不利于调动学生学习的积极性，对学生的长远发展是不利的。此外，教师控制课堂也忽视了与学生的互动，不利于良好教学氛围的形成。

为提高学生主动参与羽毛球教学的积极性，在羽毛球课程教学中应将一部分控制权交给学生，以启发式教学为主，羽毛球教师主要是利用学生的羽毛球基础知识、基础技能及其他相关知识，以及个人经验，选择学生身边发生的事例去引导他们主动思考、实践，并有所领会和感悟，这对学生掌握羽毛球知识和技能是有积极作用的。

在羽毛球教学中采用启发式教学法时，教师要适当提一些问题，以开放性问题为主，体现出问题的预设性和描述性，提问要有依据，要系统一些，便于学生独自生成信息，使学生能够在问题面前主动思考、判断和作出回答。启发式教学方法的应用形式是多种多样的，包括直观启发、比喻启发、对比启发等，在教学中要灵活应用不同形式的启发方式，引导学生积极思考，提高学习效果。

（六）多媒体教学法

当代社会，多媒体教学法已经渗透教育的各个领域，其中包括高等院校的体育教学领域。面向对多媒体技术感兴趣的学生进行羽毛球教学，采用多媒体教学方法是非常可行的。多媒体教学法包含丰富的视听素材，可以帮助学生更快、更准确地理解教学内容。教师可以采用直观的多媒体教学手段更加生动地传授羽毛球技术方法与实践经验，这非常符合学生的认知水平和兴趣爱好。初学羽毛球的学生更适合接受直观、形象的信息传授方式，因而采用多媒体教学方法能够使学生很快地进入学习状态中。

在多媒体设备的辅助下，教师可以将单调、难以用语言生动表达的教学内容转化成为学生喜欢的动画形式，在声音、画面全面环绕的情境下，学生可以更好地集中注意力去学习和掌握羽毛球技术动作。

二、大学生羽毛球运动技能形成各阶段教学方法的运用

在羽毛球技术教学中，学生运动技能的形成过程主要经历三个阶段，分别是认知掌握阶段、联结提高阶段以及自动化阶段。在运动技能形成的不同阶段采用的教学方法应当有所区别，具体要结合各阶段的教学需要、教学目标以及学生的实际情况灵活选用恰当的教学方法，以促进学生熟练掌握羽毛球技术，达到自动化水平，提升学生的羽毛球技能水平。

（一）认知掌握阶段的教学方法

在羽毛球技术教学中，在学生运动技能形成的第一阶段，也就是认知掌握阶段，学生的身体活动并不多，主要是运用大脑思维掌握运动知识，这个阶段学生以观察教师的示范和听教师的讲解为主，所以主要使用视听觉进行学习，通过观察和听讲对动作技能的基本结构及外在信息加以获取。不过，学生通过这种方式接收到的信息不是很准确，注意范围比较窄且不易集中。掌握基本外在信息后，学生练习时身体动作比较僵硬，肌肉不能收缩自如，所以影响了动作的准确性。而且学生在羽毛球技能学习的初始阶段心理较为紧张，因此严重制约了其对动作的准确掌握，影响了学生的学习能力。学生对自己的错误动作不自知，自主性差，对正确动作不敏感，只是比较浅显地知道动作的基本结构，了解简单的动作环节，根据初始印象来进行简单练习。

以上是学生在认知掌握阶段的主要学习特点，根据上述分析，建议在该阶段选择的教学方法是讲授法和演示法。

1. 讲授法

不管在什么学科的教学方法体系中，讲授法都是处于核心地位的，采用讲授法可以对大量丰富的知识进行传授。教师采用讲授法，用简单易懂的语言向学生传递主要教学内容信息，包括羽毛球技术的基本知识、结构、特征、注意事项等。学生听讲后，大脑中会形成关于羽毛球技术的一个基本构架，然后在之后的练习中不断补充与完善该构架。另外，教师也可采用讲授法向学生提出问题，使学生自主思考，激发学生的探索兴趣。

2. 演示法

羽毛球技术教学是以身体活动为主的教学活动，因此仅仅通过讲授是无法使学生将羽毛球术真正掌握的，在讲授的基础上还要采用演示法，也就是直观的示范方法。教师通过正确的动作演示，使学生观察、感知，自主参与，积极练习，并摸索技巧，以提高学习效率。教师通过示范所要达到的目的是使学生对正确的羽毛球技术动作有清晰的认识与直观的把握，从而能够进行正确的练习。为了达到这个目的，教师应该将讲授法和演示法结合起来使用，演示的过程中讲解重点动作阶段和动作细节，这样学生会产生更深刻的印象。在学生基本掌握羽毛球某一技术动作后，教师也可以故意示范错误动作，看学生通过观察能否准确找出错误。

（二）联结提高阶段的教学方法

联结提高阶段是学生学习与掌握羽毛球技术的第二个阶段，该阶段学生基本熟练了所学技术，可以大致完成技术动作，而且在完成过程中不会有明显的迟疑或拖沓。此外，这一阶段学生也基本理解了羽毛球技术的相关理论知识。这一阶段的羽毛球教学要遵循精讲多练的教学原则，学生不断重复练习和教师不断强调正确的动作方法及重难点非常重要。学生只有不断练习，肌肉记忆才会越来越深刻。学生在这一阶段的学习主要还是依赖视觉与听觉，同时也依赖运动感知觉，学生接收信息的效率提升，而且能够整合运动技能的相关外部信息或内在信息，可以集中注意力处理信息。此时学生在练习时肢体不再那么僵硬，肌肉有控制地收缩，动作基本准确，出错减少。不仅如此，这一阶段学生的心理素质也提升了，紧张情绪减少，更加自信、从容。

学生在羽毛球运动技能形成的第二阶段经过不断练习，其技能动作基本完整，对错误动作有所感知，并能在自主判断和思考后改进动作。学生在大量反复练习中将一个个单独的动作环节连接成完整的动作，以完整练习为主。但在练习中偶尔还是有错误的动作，或者是多余动作，学生认识到动作准确与连贯协调的重要性，因此会自觉改正错误。而且学生在这一阶段的学练中已经不满足于只接收与处理语言信息了，同时也会通过肌肉的分析判断而获得更深刻的体验与感受。从这一阶段学生的学习特征和学习需要出发，适合采用的教学方法是掌握动作技能法及练习法。

1. 掌握动作技能方法

这是一类宏观的教学方法，包括多种具体的教学方式，如讲解和示范、预防与纠正等，采用这类教学方法时要注意结合学生在本阶段的学习特征进行灵活教学，遵循运动技能形成的规律，注重对羽毛球技术动作细节的解剖与提示，示范过程中提出明确的要求，使学生按要求规范练习，提高动作质量。由于该阶段学生在练习中还是会出现一些错误，因此有必要将预防与纠正错误教学法运用到该阶段的教学中。教师需总结学生的常见问题及产生原因，使学生在练习时有意识地避免出现同样的错误，从而起到预防错误的作用。采用掌握运动技能教学法要注意因人而异，分析学生的个体差异，适当改变这些教学方法的实施方式，以适应不同个体的特征，满足不同学生的需要。

2. 练习法

这一阶段适合采用的练习法主要是分解和完整练习以及重复练习。通过分解练习，掌握每个动作环节和细节，熟练各个部分的动作后，将它们串联起来完整演示，并反复练习，这样既能起到对教学过程的简化作用，又能使学生对羽毛球技术动作细节有更清晰和熟练的掌握。需要注意的是，分解练习时间不宜过长，长期进行分解练习容易使学生把握不住完整动作的节奏，而且也会影响整个动作的完成速度，影响动作的连贯性与整体性，因此要特别重视从分解练习向完整练习的过渡。重复练习也是重复进行完整练习，以加深肌肉记忆，提高学生完成动作的熟练度。

（三）自动化阶段的教学方法

自动化阶段学生对羽毛球运动技能的掌握已经比较熟练，对动作有了肌肉记忆，动作准确性进一步增加，心理更加放松。在终身体育理念下，自动化阶段可以采用的教学方法有以下几种。

1. 比赛法和游戏法

在运动技能形成的最后一个阶段，学生基本能自动化地完成羽毛球技术动作，这一阶段适合采用比赛教学法和游戏教学法。教师要创建良好的比赛环境，提出严格的比赛规则和统一的比赛要求，使学生在比赛中完成强度较大的练习。比赛教学法有很强的操作性，学生在比赛中能够将个人主体性充分发挥出来，并展示自己的技能，将自己的风格发挥得淋漓尽致，同时也能使自己的技术风格、协作能力和竞争意识得到进一步的强化。

游戏教学法相对轻松一些，有些学生好胜心强，在比赛中如果没有取得好成绩就会失落，失去自信，甚至失去学习的兴趣与动力，可见比赛给这些学生带来的心理压力是很大的，而轻松愉悦的游戏法作为一种常见的趣味性教学方法，容易被学生普遍接受。

总的来说，采用游戏法和比赛法的目的相同，都是为了使学生对羽毛球产生浓厚的兴趣，提升学生参与的积极性，培养学生的体育精神和意志品质，并巩固与强化其所掌握的羽毛球运动技能。

2. 培养思想道德、发展个性的方法

比赛教学法与游戏教学法有助于培养学生的学习兴趣、竞争精神、合作意识和持之以恒的毅力，能够促进学生思想道德素质的提升。但是采用游戏或比赛法也可能产生不好的结果，如学生因表现不好而懊恼、自责，或埋怨同伴，导致学生关系紧张，面对这些情况，教师不仅要及时解决矛盾，处理问题，还要借机让学生明白团结协作的重要性，使学生了解比赛难免会失败，要以正确的态度面对失败，同时要让学生认识到良好的道德素质在比赛中的重要性，注重提升学生的道德品质。

随着体育教学的深入改革，对学生的全面发展提出了新的要求，在体育教学中不仅要关注学生身心健康和运动技能水平，还要对其情绪、情感予以关注，发挥体育教学的情感功能，培养学生良好的道德素质，健全学生的人格，使学生树立正确的价值观。这些需要羽毛球教师在教学中加以重视。

在发展个性方面，羽毛球教师应分析不同学生的个性特征，客观看待学生的个体差异，从不同学生的个性特征出发进行因材施教，尊重学生的个性，鼓励每个学生发挥自己的特长，真正贯彻“以人为本”“个性化教学”的教学理念,为学生的全面发展打好基础。

三、高校羽毛球教学方法的改革与优化

高校羽毛球教学中既可以应用体育教学的一般方法,也可以从羽毛球运动特点和教学对象的实际情况出发设计专门的教学方法,不管是一般体育教学法,还是特别的教学法,每种方法都有自己的优势,也有自己的不足,在教学实际中往往会用到多种不同的教学方法,而将不同的方法组合在一起运用便会产生不同的教学效果。为了提高与优化高校羽毛球教学效果,羽毛球教师要善于从教学目标、教学条件、具体需要出发,重视对不同教学方法的有机整合与优化组合,具体可参考图 2-1 所示的教学方法优化模式图。

此外,还要针对羽毛球教学方法的不足进行改革,改革建议如下。

(一)促进教学方法与手段的科学化

高校羽毛球教学中,羽毛球教师要明确教学目标,依据教学目标而科学选用教学方法与手段。羽毛球教学作为体育教学内容之一,其实践性很强,一些传统教学方法存在理论与实践不符且二者差距明显的缺陷,再加上教师常采用比较单一的教学手段,导致教学效率低下,教学质量下滑。针对这个问题,羽毛球教师要根据学校条件来创造丰富的教学手段,教学方法的运用要体现出多样化,以提升学生对羽毛球课的兴趣。同时,有必要将多媒体教学手段引进羽毛球课堂教学中,借助多媒体手段使学生充分理解羽毛球技术原理,在教学视频的慢放与回放中使学生掌握动作细节,全面掌握羽毛球技术的每个环节,提高学生学习的稳定性与专业性。

此外,因为羽毛球教学的技巧性也比较突出,而且些动作完成起来有些难度,因此要求羽毛球教师能够适当简化一些教学方法,使简化后的教学方法更易被学生掌握与运用。

总之,传统单一的教学手段严重影响了羽毛球教学效果,要重视将丰富生动的多媒体手段运用到课堂中,发挥多媒体教学手段的特色与优势,以培养学生的学习兴趣,提高学生的学习质量。

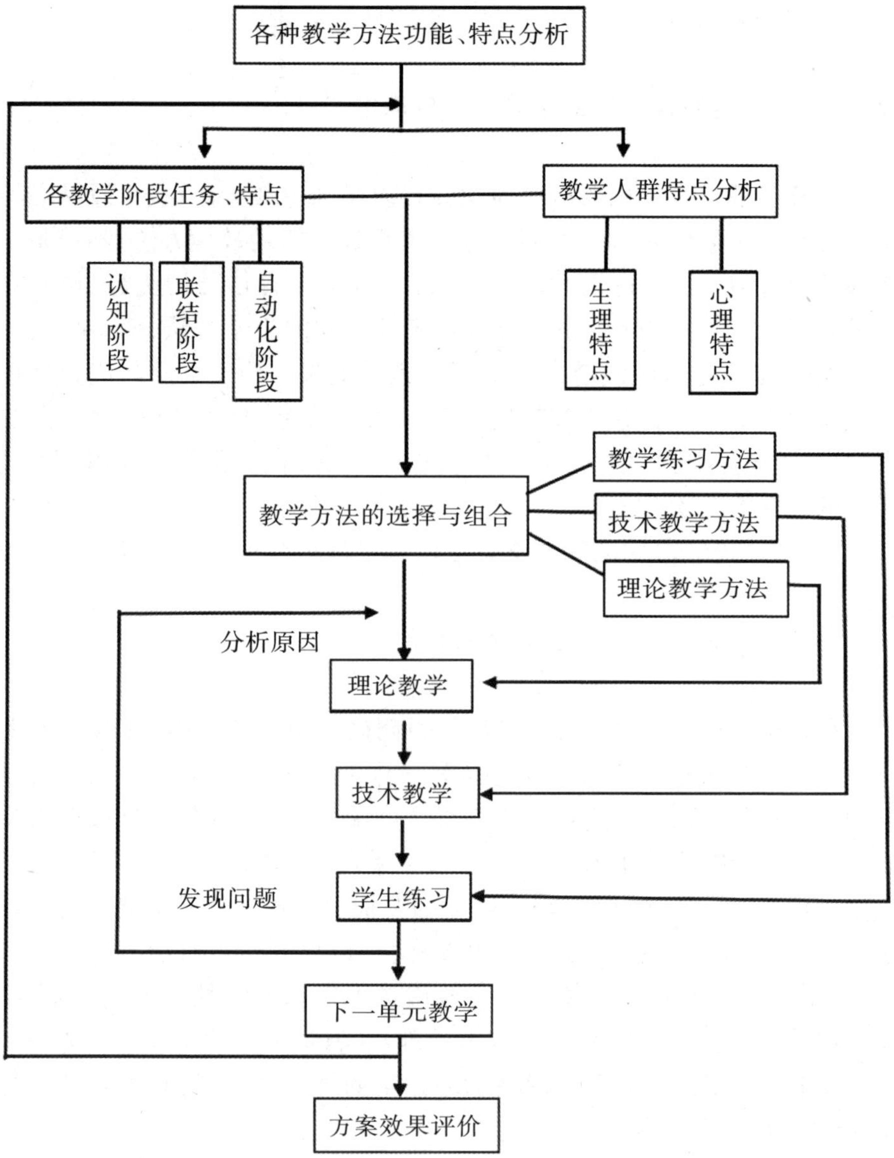

图 2-1　羽毛球教学方法的优化组合[①]

① 张建龙，王炜．体育教学方法优化组合的依据、原则与程序[J]. 新西部（下半月），2009（05）：138+141.

（二）寓教于乐

羽毛球技术内容丰富，而且随着技术不断更新，技术的多样性、先进性越来越突出，这就要求在高校羽毛球教学中采用丰富先进的教学方法实施教学。除了多样性、先进性外，打羽毛球还具有娱乐性，是学生愉悦身心、休闲放松的活动内容。这就要求在高校羽毛球教学中采取一些活泼有趣的教学方法来营造活跃的课堂氛围，贯彻寓教于乐的教学原则，以吸引学生的关注，激发学生的好奇心与积极性，使学生在轻松欢快的羽毛球课堂氛围中锻炼身体，放松心理，掌握技能，提高思维能力，达到全面发展与提升的良好教学效果。

秉着寓教于乐的思想与原则实施羽毛球教学方法，不能刻意弱化技术教学难度，或者直接不教有难度的技术，这些都是不负责任的表现，不能为了娱乐而娱乐，寓教于乐最终也是要服务教学效果和教学目标的。因此，羽毛球教师要善于开发与设计一些娱乐性的教学方式，如游戏教学法、比赛教学法等，在能够引起学生兴趣的氛围中激发其主观能动性，使其通过参与羽毛球游戏与比赛而掌握羽毛球技战术，形成良好的竞争与合作意识，而且也能在娱乐化的教学中培养学生的体育道德与体育精神。

（三）注重对教学内容的分解及对教学方案的精练

在高校羽毛球教学中，羽毛球技术是主要教学内容，培养学生的羽毛球技术能力是主要教学目标之一，是运动技能领域教学目标的重要体现。为了达到这一目标，羽毛球教师要将不同难度的羽毛球技术进行分类，然后根据各类技术内容的特征与真实难度来制定相应的教学方案，使学生由低到高逐步掌握不同难度的羽毛球技术，有方向、有目的地学习。此外，分解教学内容还要注意对难度技术的分解教学，简化难度技术动作，以便于学生掌握。

不同学生的认知能力、思维能力、身体活动能力以及羽毛球运动基础都是有一定差异的，因此高校羽毛球教师要适当精练教学方案，针对不同水平的学生制定不同的方案，不管是教学目标还是教学方案，都要体现出层次性，科学地指导不同水平、不同层次学生的学习，使所有学生都能在自己所在水平的基础上有所进步，上升到更高的层次与水平。

四、教育信息化背景下高校羽毛球教学方法的创新应用

（一）微格教学方法及应用

微格教学是一种规模小的微型教学方法，采用信息技术手段来探究与记录知识，强调通过重复训练来掌握知识与技能。微格教学方法的应用价值及重要作用体现在以下几个方面。

第一，采用智能化教学手段提高学习效率。

第二，具有示范性的微格教学适用于技能训练，而且反馈及时，有助于提高技能教学质量。

第三，促进师生互动，建立新型师生关系。

第四，微格教学具有示范性，利于动作技能训练。

下面分析微格教学在高校羽毛球教学中的具体应用策略。

1. 运用微格教学指导学生羽毛球动作技能学练

在高校羽毛球教学中，教师经常采用传统教学方式传授羽毛球理论知识，指导羽毛球技能练习，在教学与训练中使学生掌握羽毛球技战术，从而达到运动参与领域和运动技能领域的教学目标。而将微格教学运用到羽毛球教学中，采用信息化教学手段来细分教学内容，可以直观指导学生训练，并及时发现学生不规范动作或错误动作，严肃纠正，这个过程中学生学练情况和重要信息的反馈是实时性的，教师结合图像材料分析重要信息，发现并指出学生的问题，然后运用指导性语言帮助学生分析问题的成因，准确指出纠正的方法，以提高学生的动作技能水平。例如，教师用摄像机录制教学内容，引导学生观看录制视频，指明哪些是观察和学习的要点，哪些信息是不相关的，以提高学习效率。

微格教学方法的实施对技术信息资源的利用恰到好处，大大提高了示范教学的效果，提高了教师对学生关于技能教学指导的效果，扩大了教学内容范围，将抽象、复杂的教学内容转换为容易被学生理解和掌握的、具体的、简单的内容，使学生在迅速领会重要信息后进行实践练习操作，提高了学生的反应能力和学习能力。

羽毛球教师实施微格教学方法，对传统教学形式作了转变，采用现代技术手段对教学内容进行了处理，使羽毛球动作结构更加细致，接近

学生的认知水平，可操作性也大大提升。在借助信息技术手段下所进行的准确无误的示范与学生练习中的错误与问题形成了鲜明对比，也使学生看到了自己的不足，师生共同解决问题，拓展了学生的认知结构，提高了学生的技术水平。

2. 运用微格教学促进学生羽毛球动作技能的正迁移

学生在学习新动作时，之前已掌握的基础知识和动作技能在此时发挥着重要作用，若已有知识和技能能够使学生快速掌握新的动作技能，那么这便是动作技能的正迁移，如果学生之前积累的知识与掌握的技能制约了对新技能的学习，那么就是动作技能的负迁移。迁移是学习过程中很普遍的现象，要想让正迁移现象发生在学生学习羽毛球运动技能的过程中，就要求羽毛球教师善于采用恰当的教学方式，合理安排教学顺序，关注不同教学内容之间的内在联系。微格教学正是这样一种能够使学生在动作技能学习中发生正迁移的教学方法。

在羽毛球微格教学中，教师应正确引导学生对微格教案进行设计与编写，指导学生客观评价自己的学习情况，促进学生思维能力的提升，同时要使学生对羽毛球运动不同技术动作间的内在联系形成正确的认识，善于总结各项技能的关系，从而在学习新技能的过程中将已掌握的技能的正迁移作用充分发挥出来，将已有理论知识应用到实践中指导技能学习，从而提高动作技能的学习与训练效果。

3. 运用微格教学全面提升教学效果

利用微格教学方法指导羽毛球教学与训练，有助于实现理论知识向实际操作的转化，实现抽象向具体的转化，促进教与学形成有机整体，推动师生进步与发展，既使教师的引导作用得到强化，也使学生的练习效果得到提升，从而既提高了教的效果，也提升了学的效果，全面提升了羽毛球教学的整体效果。

在羽毛球运动教学中运用微格教学法，对教师的教学技能水平提出了较高的要求，也强调对学生学习主体地位的尊重。教师要让学生认识到学习动作技能及相关理论知识的重要意义，并能在微格教学中自主分解知识，在实践操作中将理论知识（包括抽象和具体的知识）融入其中，实现理论与实践的有机结合，达到预期的教学目标。

4. 运用微格教学调动学生学习主动性

将微格教学法运用到羽毛球技术教学中，要求羽毛球教师对一定的问题情境进行设计，引导学生从不同思维角度思考问题，引起学生对新教学内容与已掌握知识在认知上的冲突与矛盾，使其思考已有认知结构的形成过程和完善方法，将其学习积极性激发出来。创设问题情境能够给羽毛球课堂教学带来疑问和悬念，使学生带着好奇心去积极探索问题的答案，学生在动作技能练习中思考问题、分析问题、解决问题的整个过程可借助多媒体教具记录下来，然后引导学生通过观看录像找出自己在练习中有哪些不足的地方，在接下来的练习中有针对性地解决问题，完善自己的动作技能，提高自己的动作质量与训练水平，使羽毛球运动教学更加规范，达到预期的运动技能目标。

（二）微课教学方法及应用

微课是以教学目标和教学要求为依据，以视频为载体对课堂教学中的全部活动（教师的教学活动、学生的学习活动以及师生互动活动）进行记录的教学方法。微课教学法具有教学时间短、教学内容精简、注重师生互动等特征。微课教学方法的应用价值及重要作用体现在以下几个方面。

第一，促进学生学习效率的提升。

第二，改革传统教学模式中落后的因素，提高教学模式的应用价值。

第三，对零碎的教学时间加以整合，提高课堂时间的利用效率。

第四，尊重学生的主体性，提高教学的针对性。

第五，及时帮助学生纠正错误动作，规范动作。

下面具体分析微课教学方法在高校羽毛球教学中的应用策略。

1. 重视微课教学平台的建立

不同高校的教学条件有差异，在教学硬件与教学软件方面都有充分的体现，各高校在建立微课教学平台时，要选择符合本校教学条件的多媒体手段，微课教学既要体现出现代性、有效性，也要讲求经济便捷性。一般来说，在班级大家庭中建立微信群能够很便捷快速地构建微课教学平台，教师将微课教学视频分享到班级群中，学生借助多媒体手段自主学习。在微课教学平台的构建中，要根据实际情况来投入相应的硬件和软件装备，由专业人员负责管理这些教学设施，每次使用前做好调试工作，并加强维护，提高利用率，延长使用寿命。

2. 科学进行羽毛球微课设计

羽毛球教师进行羽毛球微课设计一定要科学，羽毛球微课设计的科学性主要体现在完整、系统、规范三个方面。

（1）完整设计

在高校羽毛球微课设计中，要以学生为主体确定方案，制作教学目标明确、内容完整、重点清晰、难点突出、能够充分调动学生学习积极性的微课视频。[①] 微课设计的完整性主要体现在组织结构的完整性和技术内容的完整性两个方面，其中技术完整性教学是分解教学的升华，有的技术适合直接采用完整教学法，有的技术适合先采用分解教学法，但最后一定要过渡到完整教学上。

（2）系统设计

设计羽毛球微课，要树立现代化的教学理念，以学生体质健康、终身体育锻炼为目的对教学内容进行系统性梳理，由点到面，由零散到整体，精心进行系统化的微课教学设计。

（3）规范设计

羽毛球微课的课程结构精练，内容单一，微课设计看似简单，实则非常专业，在设计过程中，羽毛球教师一定要确保方案中的每个元素如文字、图片、视频、动画等都准确无误，符合教学内容，如果存在失误，哪怕是很小的失误，都会给羽毛球微课教学质量带来不好的影响，因此规范化进行羽毛球微课设计是非常重要的。

3. 注重对微课视频教程的拍摄及运用

微课是高校羽毛球教师进行教学的一种现代化方式，除了对微课的直接运用外，教师也可以对自己的教学过程进行拍摄，制作微课教学视频，将自己的教学经验和技巧分享给其他教师，同时主动向其他教师学习经验，借鉴其他优秀教师的教学案例来组织教学，在教学资源与经验

① 龚涛．微课在高校羽毛球课教学中的运用刍议[J]．才智，2020（20）：132-133.

的互换中达到更好的教学效果。

教师拍摄自己的教学视频并计划将此作为教学案例分享给其他师生时，要特别重视教学的专业性、规范性与准确性，如用专业术语讲解，示范优美准确，指导学生时认真耐心，让学生将自己的学习成果展示出来，以体现良好的教学效果。如果条件允许，可以邀请专业羽毛球教练员或运动员从专业的视角拍摄视频，以提高拍摄质量。微课视频的分享为高校教学资源最大程度的共享提供了可能。为了使微课视频的应用价值得到进一步提高与充分发挥，高校可以举办校际教学研讨会或分享会，优秀羽毛球教师汇聚一堂共同进行专业教学的研讨，以制作出更精彩、专业、高质的羽毛球微课教学视频。

4. 在微课教学中把握教学难点

羽毛球运动中有些技术相对复杂一些，对学生来说学习起来难度较大，而将教学难点作为微课教学的主要内容，可以通过视频回放来使大学生观察高难技术的动作细节，使其逐步掌握复杂技术，提高羽毛球运动水平。在羽毛球微课教学中可以实现对教学难点的准确把握，使学生按照视频内容与提示一遍遍演练，直至达到视频中呈现出来的动作质量，在学生对照视频演练的同时，羽毛球教师还要继续深化理论讲解，使学生在理解的基础上掌握羽毛球技术，提高练习效果。在微课教学中，还可以组织学生自由讨论，发表关于微课教学的看法，从而为完善微课教学提供思路，使微课教学真正服务于广大学生群体。

5. 在微课教学中增加互动

在羽毛球微课教学中，为了提高学生的思想注意力，使其将注意力全部放到课堂中来，教师要主动与学生互动，调动课堂氛围，将学生的学习积极性和热情也调动起来，使所有学生都真正参与到信息化教学中。在微课教学中增加互动的方式有线上回答学生的问题，回复学生的评论，与学生在线沟通学习技巧，利用互联网平台使学生充分发表自己的观点，陈述自己的问题，耐心帮助学生解决问题，尊重学生的个性，同时引导学生之间的互动，提高学习的趣味，充分贯彻寓教于乐的教学原则。

6. 加强传统教学与微课教学的有机结合，构建一体化教学模式

在信息化技术背景下，微课教学作为现代化教学方式在高校羽毛球

教学中得到了有效的运用，但要注意的是，羽毛球教学中要紧紧结合教学实际来展开教学工作，不能脱离实际情况，而且教师要把自己的教学活动与学生的学习活动紧紧联系起来，而不是只给学生呈现视频案例就可以了。另外，教师在运用现代化教学方式的同时不能忽视对传统教学方式的继续运用，传承下来的传统教学方法一定有其可取之处，所以要取其精华，将其与现代教学方式结合起来使用，实现传统与现代教学方式的有机互补。

羽毛球运动教学对大学生的运动感知能力提出了较高的要求，因此在设计微课并运用这一现代化教学方式时，要加强线上教学与线下教学的有机结合，线上给学生呈现生动精彩的教学视频与真实案例，使学生了解羽毛球理论与技战术，并能够认真观察细节动作和难度动作。线下学生要不断练习来达到视频中要求的标准，并将所学理论与技战术运用到实践中，以实现理论的升华与技战术水平的提升。

分层教学、情境教学等是常见的线下教学方式，这些教学方式都适合与微课线上教学方式结合起来运用，这样既能提高学生对微课教学的兴趣，也能提高学生线下练习的积极性。因此，在高校羽毛球教学中，充分发挥线上线下教学方法的优势，构建线上线下相结合的羽毛球教学新模式具有重要意义。

第四节　高校羽毛球教学模式与创新

羽毛球教学模式是对羽毛球教学活动进行组织与调控的完整方法论体系，教学模式不仅能够为教学设计提供理论思路，还能为教学实践提供方法指导。在羽毛球教学中对教学模式的构建与运用情况直接影响教学效果，影响教学目标的实现。在高校羽毛球教学中，要树立健康第一、以人为本等科学的教学理念，在科学理念下改革与创新教学模式，充分发挥现代多元教学模式的功能与价值，提高羽毛球教学质量，促进学生健康与全面发展。

一、体育教学模式设计的原理

设计羽毛球教学模式要遵循体育教学模式设计的一般原理，具体包括以下三个方面的原理内容。

（一）教学理论基础提供科学依据

体育教学理论是对体育教学的本质及机制进行探究的一套具有科学性、系统性的理论。设计体育教学模式是要创造良好的体育教学环境，从学生的需要出发制订切合实际的教学方案。教学理论是教学模式设计的主要依据，其为构建教学模式提供了坚实的理论基础。

体育教学过程也就是解决体育教学问题的过程，在解决问题的过程中对教学的一般规律进行研究与总结，从而形成具有科学性、规律性的教学系统。设计体育教学模式也是发现体育教学问题并分析与解决问题的过程，因此体育教学理论是体育教学模式设计的重要理论前提。现阶段，我国和国外的体育教学理论都趋于成熟，在成熟的理论依据下能够为设计科学多元的体育教学模式提供极大的便利。

（二）“健康第一”指导思想提供现实依据

我国体育教学倡导“健康第一”的教学理念，要求对学生的体质健康进行时刻关注，要以学生健康发展为中心，对学生的主体性予以充分的尊重与重视。学校是培养人才的重要基地，国家未来发展所需的人才主要源于学校培养的后备力量。后备力量只有拥有健康的体魄和强健的体质才能更好地学习技能，发展成为国家的栋梁之材，为祖国建设做贡献。因此学校必须重视体育教育，在“健康第一”教学思想的指导下开展体育教学工作，对学生的体育课堂学习和课外体育锻炼全面重视起来，培养学生的健康体质和综合素质，促进学生健康全面发展。健康第一教学理论的提出也使得体育教学理论和实践进一步丰富、发展和完善，并明确提出了关于促进学生健康的教学目标，包括促进学生身心健康和社会适应能力的提升。健康的内涵是丰富的，健康的表现是多维的，并不能简单地将没有疾病称为健康，人的健康是一种和谐状态，是一种全面的健康状态，包括身体、心理、精神以及社会适应等多个方面。

促进学生全面健康是体育教学的主要目标。设计体育教学模式，首先要考虑对学生健康有利的因素，要在健康第一的指导思想下进行设计，该理念为模式设计提供了重要的现实依据。体育教师首先要对健康第一理念的内涵有深刻的理解与把握，然后基于对体育教学规律、本质特征的深刻认识而进行体育教学模式设计，以提高体育教学模式的科学性、实效性，充分发挥体育教学模式实施过程中的健康价值。

（三）系统论提供理论基础

系统论指出，所有系统的构成都包含若干要素，系统内各组成要素相互联系、相互作用、相互影响，各要素的和谐组合与连接有助于使系统的整体功能得到提升。任何事物都是一个由若干要素构成的有机整体，或者都是一个完整的系统，它们的生存与发展离不开与周围环境的相互联系与相互作用，系统时刻都在与环境发生多元素的交换，包括物质交换、信息交换以及能量交换，正因如此，系统才能保持相对的稳定状态。系统在与周围环境相互联系、发生交换的过程中又会形成新的系统。

体育教学模式作为一个系统同样由多元素构成，各组成要素之间是否和谐组合与连接直接影响教学模式的整体功效。体育教学系统本身也包含了丰富的要素，各组成要素相互影响，共同作用，如此才使得体育教学系统稳定运行。体育教学系统处于一定的环境中，可以说教学环境是一个包含体育教学系统的大系统，在这个大的系统中，体育教学系统是一个重要分支。为了促进这个分支系统的正常运行，取得理想的体育教学效果，必须在科学理论的指导下控制体育教学实践，尤其要优化整合体育教学模式内各组成要素，并加强各模式之间的相互联系，这些都会对整体的体育教学质量产生重要影响。总之，要根据系统论原理来设计体育教学模式，制订体育教学计划，实施体育教学的整体评价，以促进体育教学系统的全面优化与完善。

不管从宏观视角看，还是从微观视角分析，教学模式的构成因素都是多层次的。如图 2–2 所示，宏观视角下教学模式由教师、学生、场地、教材组成，师生在一定的教学场地环境下依赖教材而展开教学活动。师生充分发挥主导性与主体性作用，体育教学场地设施完善，教材科学规范，能够大大提高教学模式的整体功能，提高教学效果。如图 2–3 所示，教学模式中教师的教法与学生的学法是有差异的，但都是为了实现一定的教学目的。采用自评与他评的方式评价师生教学结果，根据评价结果确立新的教学目标，从而向新的学习阶段迈进。

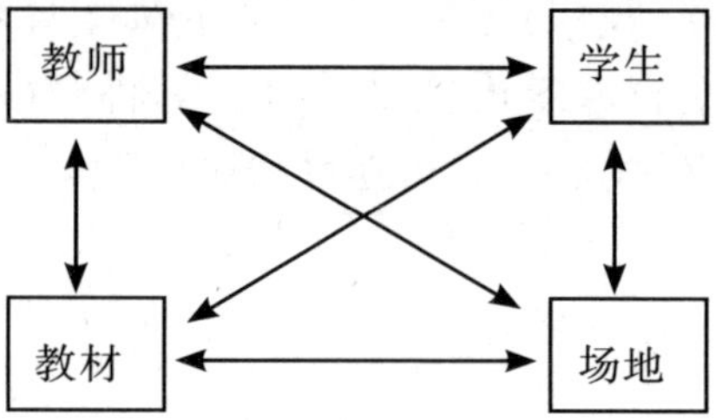

图 2-2　教学模式的构成因素

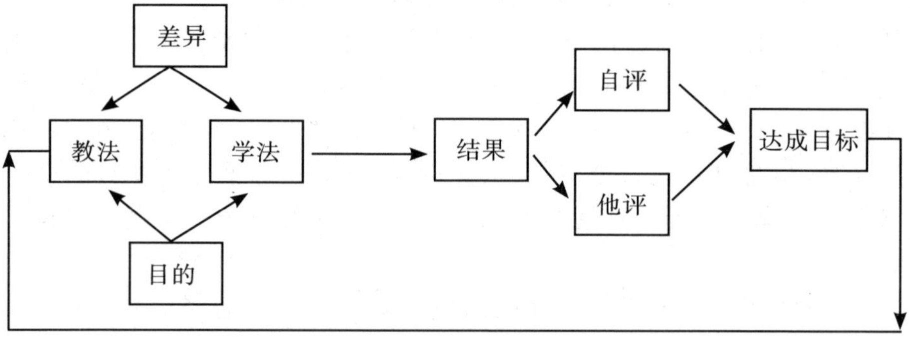

图 2-3　教学模式指向教学目标[①]

二、高校羽毛球教学的一般模式

（一）传统教学模式

传统教学模式是在运动技能教育观的指导下从运动技能形成规律出发设计教学程序的一种教学模式，也被称为“运动技能传授模式”。这种模式主要是通过学习运动技术达到掌握运动技能的目的。羽毛球教师应先准确理解与深刻把握羽毛球技术动作的特征及规律，然后给学生传授羽毛球运动技能与方法，从而实现运动技能领域的教学目标。

① 王沂，李尚滨．略论体育教学模式设计的依据[J]．教学与管理，2007(06)：135-136.

羽毛球教学中传统教学模式的操作程序如图 2-4 所示。

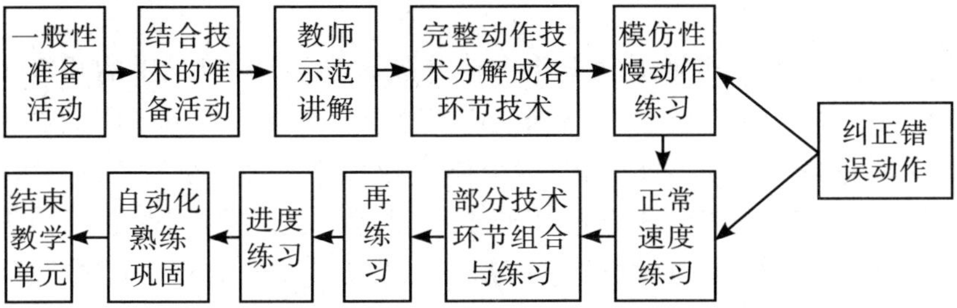

图 2-4　传统教学模式的操作程序[①]

（二）主动性教学模式

主动性教学模式是指教师在教学过程中创造条件，使学生充分发挥自主性，提高学生学习积极性的教学模式。

运用主动性教学模式能够实事求是地培养学生的主体意识，培养与提高学生的学习主动性和自主学习能力。该模式对学生本身的学习自觉性和自学能力提出了一定的要求，如果学生自学能力差，不主动学习，则难以取得预期教学效果。

主动性教学模式在羽毛球教学中运用的操作程序如图 2-5 所示。

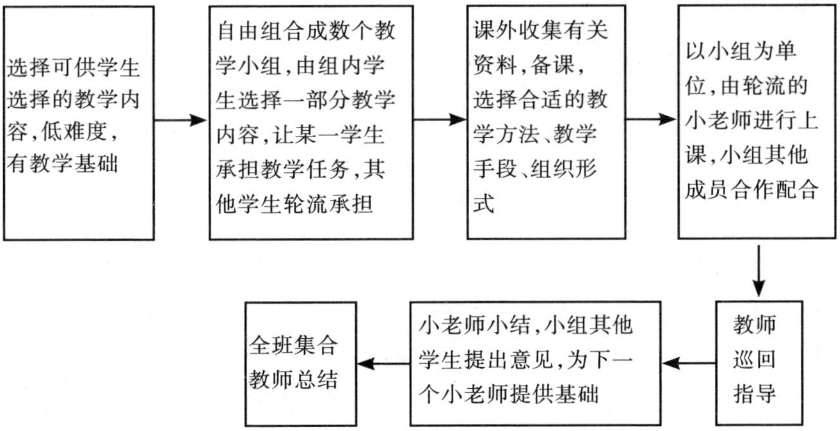

图 2-5　主动性教学模式的操作程序[②]

① 邵伟德．体育教学模式论［M］．北京：北京体育大学出版社，2005.
② 邵伟德．体育教学模式论［M］．北京：北京体育大学出版社，2005.

（三）启发式教学模式

启发式教学模式是围绕学生主体开展教学活动，以学生的积极主动性为基础，使学生积极思考与独立探究问题，发现并掌握知识，最后得出相关结论的一种教学模式。传统体育教学中注重“教法”的改革，忽视“学法”研究，启发式教学模式转变了思考问题的角度，跳出只研究教法的圈子，让学生参与教学，探索知识，以培养学生的探索精神和创新能力。

启发式教学模式应用于羽毛球教学中的操作流程如图 2-6 所示。

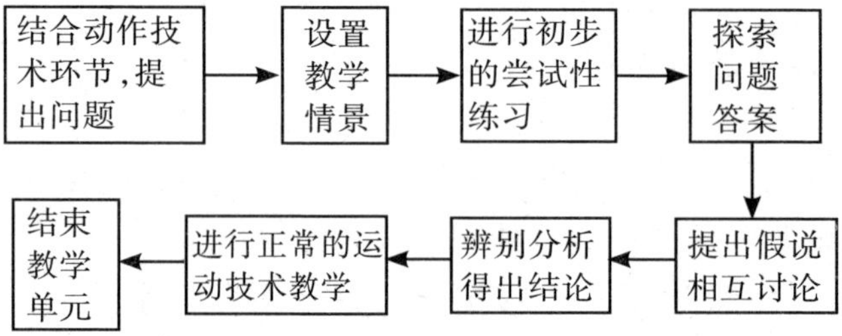

图 2-6　启发式教学模式的操作程序①

三、高校创新性羽毛球教学模式与应用

（一）自主－合作教学模式

1. 指导思想

人本主义教育思想是构建与实施自主—合作体育教学模式的主要指导思想，在该模式的构建过程中，要坚持以人为本的理念，以学生的学习为中心，鼓励学生自主学习，合理安排学习小组进行合作学习，丰富学生学习中的情感体验。自主—合作教学模式与传统羽毛球教学中以教师的“教”为中心的教学模式是截然不同的，学生不再被动学习，而是主动学习与探索，并与小组同学共同努力，合作完成小组学习任务。

① 邵伟德．体育教学模式论［M］．北京：北京体育大学出版社，2005.

在该模式的设计与运行中，教师要扮演好引导者的角色，激发学生自主探究的意识，并传播合作共赢的理念，使学生认识到合作的重要性。

2. 教学目标

传统教学模式下，教师和学生对教学目标的关注大都集中在运动参与目标和运动技能达成目标两个方面，忽视了学生在情感体验、心理健康、社会适应等方面的目标，不注重培养学生的自主学习意识和合作学习思维，对学生创新思维及创造力的培养也严重不足。学生作为独立个体，在特定的群体和社会环境中生活，因此要具备社会适应能力，自主—合作能力就是社会适应能力的一种表现。因此在自主—合作教学模式的设计中要强调社会适应领域的目标，对学生的社会适应能力要重点培养。社会适应教学目标的达成程度可通过观察学生在该模式下的学习态度、情感体验以及行为表现来进行评价。

3. 教材内容

选择的教材内容要对激发学生的自主探究热情、培养学生的合作学习意识有帮助，同时还要有利于培养学生的创新能力，如此才有助于达到预期的教学目标。在教材内容的选择中要以教学目标为依据，即教学目标统领教材内容，同时还要考虑学生和学校的实际情况。

4. 教学过程

自主—合作教学模式打破了传统羽毛球教学中严格的整齐划一的组织模式，在组织形式上更为开放与自由，模式框架如图 2-7 所示。该模式将羽毛球教学过程分为目标定向、自主—合作学习、评价反思三个基本层次，同时涵盖了学生的“学”与教师的“教”两大活动。

（二）“知学练馈”四位一体教学模式

“知学练馈”中知、学、练、馈分别指的是元认知和认知、领会和习得、练习和强化以及反馈。学生在羽毛球教学中学习知识和技能是一个循序渐进的过程，这个过程可以用“知学练馈”来概括，如图 2-8 所示。

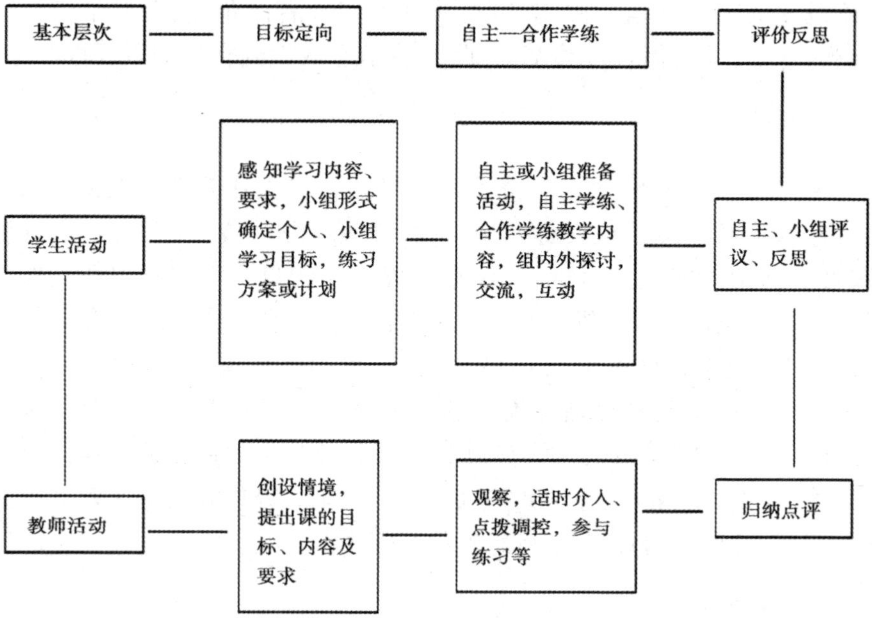

图 2-7　自主－合作教学模式的实施过程①

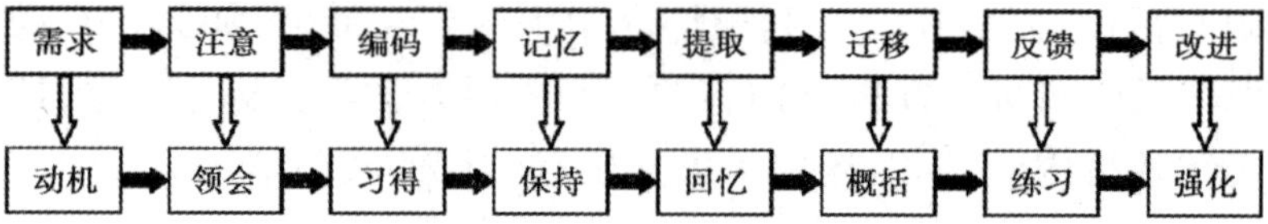

图 2-8　“知学练馈”四位一体教学模式 b

1. 元认知与认知

在“知学练馈”四位一体教学模式的设计中，首先要让学生感知与理解羽毛球运动的功能价值，并思考羽毛球运动对促进人体身心健康及社会适应性的重要意义，同时还要使学生学会判断什么样的教学内容更适合自己。经过认知、理解、思考及判断后，学生的学习兴趣能够得到提升，学习的积极性也会增加。这一阶段的教学设计中适宜采用的教学方法是启发探究式教学法。

① 张强，蒋宁，陈诗强．浅析自主－合作体育俱乐部教学模式的教学设计 [J]. 玉林师范学院学报，2015，36（05）：75-79+84.
② 苏家福，周红萍，程云．大学体育“知学练馈”四位一体教学模式设计 [J]. 湖北文理学院学报，2016，37（05）：75-77+88.

2. 领会与习得

学生的羽毛球学习过程既符合一般学习规律，也有体育学科的特殊性，即除了感知与思维外，还有身体练习，身体练习与思维是紧密结合的，二者不可分割，而且要保持思维与身体练习的平衡，在动态的身体练习中不断思考、动脑，既能练脑，又能锻炼身体，可见羽毛球学习是综合性的活动。教师要让学生明确学习目标，然后在适当的学习情境下为学生选择适宜的学习内容，使学生采用适合自己的学习方法去接收与消化学习内容，在这个过程中，学生的学习是主动的，是带着问题学习的，学习过程中包含了思考与探究。

3. 练习与强化

学生是在不断的身体练习中提高身体素质和掌握羽毛球运动技能的，设计练习过程，首先要对练习的目的进行考虑，根据目标选择适宜的练习方式，如表 2-1 所示。

表 2-1　练习过程的设计[①]

练习目标	练习方式
提高身体素质和体能	反复练习 变换练习 循环练习 分组练习等
掌握羽毛球技术	重复练习 变换练习 发现式练习 探究式练习 个体练习与展示 分组练习与展示等
提高心理素质、培养社会适应能力	情境练习 游戏练习 比赛练习

4. 反馈与评价

在羽毛球教学中实施教学评价，教师在评价中获得反馈，发现教学

① 苏家福，周红萍，程云．大学体育“知学练馈”四位一体教学模式设计[J]．湖北文理学院学报，2016，37（05）：75-77+88.

问题，及时纠偏、纠错，改进与完善教学。学生也要学会自我反馈与自我评价，了解自己的学习能力和学习水平，提高自我认识，提升自己的认知水平，根据自身情况制订学习计划，并通过自我监控来完成学习计划。学生在学习过程中也要学会自我调控，将思、学、练充分结合起来，提高自己的元认知水平、思维能力以及学习技能。

羽毛球教学中的反馈控制过程应从两个方面来设计：第一方面是从教师角度出发进行教学反馈，采取的方式有检查、提问、测试等；第二方面是从学生角度出发进行学习反馈，以学生自我反馈为主，主要方式有对镜练习、自我检测等。

（三）"线上＋线下"混合式教学模式

混合式教学模式是指根据专业特色，整合线上和线下两种教学模式的优势，借助网络平台进行"线上＋线下"综合教学的一种模式。在羽毛球教学中可采用该模式对学生的自主学习能力和创新思维能力进行培养，该模式实施的流程图如图 2–9 所示。

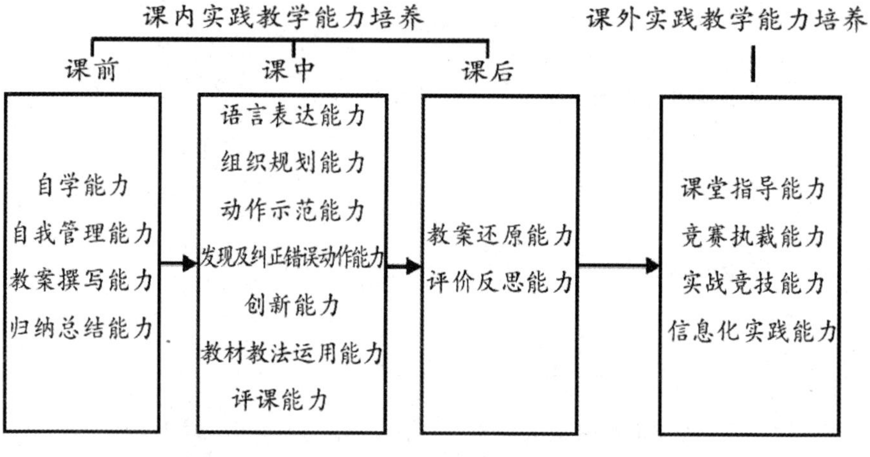

图 2–9 "线上＋线下"混合式教学模式的实施程序[①]

将混合式教学模式运用到高校羽毛球教学中，要特别重视对课内教学与课外教学的设计以及二者的结合。

① 邢欣，王彤．"混合式教学"模式下的体育课程设计与实践 [J]. 辽宁体育科技，2020，42（02）：120-125.

1. 课内教学设计

（1）课前“任务导向型”自学模式

羽毛球教师提前将下节课的教学内容发布在线上网络教学平台，布置学习任务，要求学生在正式上课前借助线上的教学资源进行自学，完成自学任务，并对重点学习内容进行整理，以“知识卡片”的形式记录重点内容，留在正式上课时向教师与同学讲解展示知识卡片的内容。教师在课前要备课，学生在课前也要做好相关学习准备，这样才能提高课堂教学效率。

（2）课中“引导探究型”授课模式

课堂上先让学生用短暂的时间展示自制知识卡片，并讲解卡片上整理的内容，使学生对自己在课前自学中整理的重点学习内容有更深的印象。然后指定学生组织准备活动，由教师和其他同学进行评价，这是锻炼学生讲解能力、示范能力的好机会。接着，教师划分羽毛球学习小组，安排小组练习，并指导各小组。之后，教师录制学生的练习实况，将录制视频发布到平台上，进行线上纠错，这能使学生直观地看到自己的技术问题并及时解决。

（3）课后“监督反馈型”检验模式

课后利用线上线下教学资源进行严格的监督、反馈及评价，引导学生反思与自评，纠正错误，改进学习，并为新一阶段的学习做准备。

2. 课外教学设计

羽毛球专修班的学生将课余时间利用起来指导选修班的学生，以羽毛球技术指导为主，专修班学生扮演教师的角色，在实践中锻炼教学能力。也可以通过组织比赛来培养学生的实践能力，同时也能使学生在参赛中更加熟练羽毛球技战术，提高技能水平。

（四）“俱乐部课制”教学模式

1. “俱乐部课制”教学模式的特点

体育俱乐部是社会团体公共娱乐的总称，最早源于欧美，将体育俱乐部应用于体育教学中，实施俱乐部课制教学模式，主要就是依托俱乐部的教学形式组织体育教学。“俱乐部课制”教学模式具有以下几个特点。

（1）教学内容丰富，学生自主性强

“俱乐部课制”教学模式内容丰富，学生可以根据自己的兴趣爱好选择课程。学生自主选择上课内容、上课时间，甚至可以自主选择教师。

（2）教学方法突出学生的主体地位

“俱乐部课制”教学模式的运行中，教师采用的教学方法强调学生发挥主体性，如启发教学法、情境教学法等，并根据学生的实际情况对其进行个别化、个性化指导。

（3）课外活动丰富

“俱乐部课制”教学模式有效拓展了课堂教学，开设丰富的课外体育活动，从而对学生的运动积极性和组织能力进行培养。

（4）教学评价全面

“俱乐部课制”教学模式下的教学评价融入了学生的学习态度、合作能力等指标，突出了评价的全面性。

2.“俱乐部课制”教学模式的意义

在高校羽毛球教学中构建与实施“俱乐部课制”教学模式具有以下几方面的重要意义。

（1）突出“以人为本”的理念

传统教学模式下，羽毛球课程内容已经被规定好，羽毛球教师严格按照规定实施教学，这使得羽毛球教学缺乏民主性、丰富性与灵活性。“俱乐部课制”教学模式中设置了丰富的教学内容，教师和学生自主把握和控制教学时间，学生在教学内容与教师的选择上有充分的自主权，这都充分体现了新模式“以学生为本”的教学理念。在“俱乐部课制”教学模式的实施中，学生的自主性得以充分发挥，个性化需求得到充分满足，长处与优势也有机会展现出来，个人价值得到实现，同时也锻炼了社交能力，这些都最终使学生的个性化发展目标得以实现。

（2）增强学生体质

学校教育改革为体育教学指明了方向，提出了要求。为顺应学校教育的发展趋势和改革需要，学校设置的体育课程涉及多种类型，传统教学中以班级为单位的教学组织形式的局限性被打破，并按照学生的兴趣爱好重组教学单位，以增强学生体质、满足学生需求。国家非常重视大学生的体质健康，但因为学生的体育锻炼和学习时间得不到保障，所以体质健康状况不乐观。依托“俱乐部课制”教学模式，可以开展丰富的课内外羽毛球活动，学生自主参与自己感兴趣的活动，体质健康水平可以得到有效提高。

（3）为羽毛球教学的深入改革提供正确指引

应试教育影响下的体育教学存在种种弊端，如教学理念落后、课程类型单一、教学内容固化、教学方法千篇一律、教学评价片面，等等。这些问题的存在对体育教学的发展造成了严重的阻碍，也制约了学生体质健康水平的提升和全面发展。这些问题在体育教学的重要组成部分之一——羽毛球教学中同样存在。而采用具有创新性的“俱乐部课制”教学模式，能有效弥补传统教学模式的不足，促进教学理念的更新、课程类型的丰富、教学内容和教学方法的多元化以及教学评价的全面化。可见，“俱乐部课制”教学模式为羽毛球教学改革提供了正确的方向与指引。

3. 高校羽毛球“俱乐部课制”教学模式的发展策略

为了给学生参与丰富多样的羽毛球活动提供更多的机遇与平台，并进一步提升学生体质健康水平，需要进一步完善“俱乐部课制”教学模式，提高该模式的运行效果，充分发挥该模式在增强学生体质、调动学生学习积极性和提升学生羽毛球技术水平等方面的作用。具体发展路径与策略如下。

（1）更新教学思想

基于提升学生的体质健康水平而构建与完善“俱乐部课制”教学模式时，首先要更新教学思想，解决羽毛球教学中教学主体之间和教学要素之间的矛盾，有机整合羽毛球教学体系中的各个要素，从思想层面上设计好“俱乐部课制”教学模式，为模式的顺利运作和模式功能的充分发挥提供强有力的思想保障，为模式的实施提供正确的方向。

更新教学思想后，还要构建科学的俱乐部教学管理体系，设置与健全俱乐部组织机构，明确各部门的职责，加强各部门之间的协调配合。协会管理者可由体育拔尖生或体育委员担任，这能够有效培养学生的团结协作精神和组织管理能力。

（2）设置类型丰富的教学内容

新时代羽毛球教学改革中，在教学内容的设置环节既要重视对竞技化教学内容的改造，又要重视引进娱乐化、拓展性的教学内容。学校“俱乐部课制”教学模式的实施中往往面临着选择竞技化内容还是娱乐化内容的问题，从高校羽毛球俱乐部的运行情况来看，重视娱乐化教学内容，忽视竞技化教学内容的问题普遍存在，这直接影响了学生体质健康发展和羽毛球素养的提升。对此，在“俱乐部课制”教学模式的改革与创新中，应该找到竞技性羽毛球内容与娱乐性羽毛球内容的平衡点，实现二者的整合，从而达到既增强学生体质，又培养学生兴趣、提升学生运动能力的目的。

（3）完善教学评价体系

要检验“俱乐部课制”教学模式的实施效果和学生在该模式下的学习成果，就要进行科学的考评。传统羽毛球教学考评最大的弊端就是过分强调学生对羽毛球技术掌握情况的终结性考评，而忽视对学生学习态度、学习意志力、进步情况等方面的过程性考评，这就需要进一步健全考评机制，完善考评体系，将日常考核、监控同步重视起来，使学生自觉学习，增强体质。

（4）提供经费支持

构建与实施“俱乐部课制”教学模式，离不开经费的支持，这对模式构建及实施效果具有直接的影响。“俱乐部课制”教学模式下高校开设丰富的羽毛球活动，同时还结合校外有关团体尝试开展羽毛球比赛或相关的延展性活动，为了使各种活动得以顺利开展，需要教育部门加大投资力度，分配经费资源，提供基础保障。

第五节　高校羽毛球教学质量评价体系构建

一、高校羽毛球教学质量评价体系构建的作用

高校羽毛球教学质量评价是教学体系的基本组成部分，是教师对教学内容进行优化、完善教学设计、分析学生学习问题的基本依据。构建羽毛球教学质量评价体系具有重要的现实意义。

教学质量评价作为教学工作的重要组成部分之一，有助于促进教学方法的调整、教学模式的改革，激发学生的学习兴趣及提升学生的学习主动性。结合当前我国羽毛球教学质量状况，构建具有针对性、有调整空间的质量评价体系，能够为羽毛球教学改革提供参考。

结合德尔菲法和层次分析法构建与完善羽毛球教学质量评价体系，可以较为准确地为高校羽毛球教学质量评价提供基本依据，进一步明确影响羽毛球教学质量的主要因素，尤其是教学薄弱环节的影响因素，引导教师进行针对性的教学改革，进而提升整体教学质量，培养综合素质高的大学生人才，并为高校其他体育课程教学质量评价提供借鉴。

二、高校羽毛球教学质量评价体系构建的原则

（一）科学性与引导性相结合的原则

评价体系指标的选取要全面覆盖羽毛球教学活动开展的各个方面，指标权重的确定要具有合理性，能够为羽毛球教学改革提供指引。

（二）系统性与针对性相结合的原则

各级指标之间既具有明显关联，又能够独立反映羽毛球教学活动某一方面的问题，具有一定的调整空间，在具体实施过程中可操作性强。

（三）定性分析与定量分析相结合的原则

各项指标既能准确反映羽毛球教学开展的本质要求，又能通过量化分析展现开展羽毛球教学应有的客观性。

三、高校羽毛球教学质量评价体系构建流程

（一）分析影响羽毛球教学质量的因素

结合高校羽毛球教学的一般特征，将影响教学质量的因素分为主观因素和客观因素。主观因素主要包括教师的备课情况、教学组织水平等方面的内容，客观因素主要包括教学硬件设施条件、教学评价反馈的及时与准确性等内容。

（二）羽毛球教学质量评价体系指标权重及说明

利用层次分析法，结合羽毛球教学的一般特征，可将羽毛球教学质量评价体系的一级指标确定为课前准备、教学条件、教学过程、教学效果、评价反馈五个方面。利用德尔菲法，选择专家教授以评分方式对二级指标进行筛选，结合整体指标体系构建高校羽毛球教学质量评价体系指标说明表，具体见表 2-2。

表 2-2　高校羽毛球教学质量评价体系指标 [①]

一级指标	二级指标	权重	排序	指标特征
课前准备	教学目标	0.055	11	目标是否明确、是否契合大纲要求是影响学生学习积极性的重要因素
	教学计划	0.057	9	制订教学计划需要先进行准确的学情分析，完善教学目标
	教案编写	0.074	5	教案编写是否合理、结构是否完善关系着内容的设置
教学条件	场地设施	0.051	12	场地建设能否满足日常训练要求、布局是否合理
	器材准备	0.045	13	器材设施供给是否充足，能否满足自主锻炼要求
教学过程	内容合理性	0.094	1	教学内容是否符合大纲和教学目标要求，技能学习流程是否科学，是否进行内容分层
	重难点突出	0.085	3	教学内容重难点定位是否准确对学生学习重心有直接性影响
	教学态度	0.066	6	教师仪态、精神状态、组织纪律等对教学实施效果有直接性影响
	训练密度	0.084	4	训练密度是否符合课程要求、学生活动是否充分对学生学习主动性具有直接性影响
	运动负荷水平	0.087	2	运动量、运动强度是否科学，是否具有调整空间

① 钟晨．普通高校公共体育羽毛球课程教学质量评价体系构建研究 [J]．陕西教育（高教），2022，558（10）：30-32.

续表

一级指标	二级指标	权重	排序	指标特征
教学效果	教学目标达成	0.042	15	学生是否掌握运动技术，教学计划是否顺利完成
	知识应用能力	0.059	8	对羽毛球竞赛规则的了解、基本技术动作掌握水平、体育知识应用能力是否达到要求
	运动意识培养	0.061	7	是否养成良好的锻炼意识和运动习惯、能否积极进行自主学习
	情感态度	0.056	10	课堂气氛活跃程度、师生关系是否和谐、学生主体地位能否充分体现
教学评价反馈	课后指导	0.043	14	教师评价是否到位、反馈是否及时，能否给予学生正确指导
	教学反馈	0.041	16	教师是否能做好教学反思和案例研究，从而为后续教学改革提供参考

从指标权重排序来看，教学内容组织的合理性、运动负荷水平及教学重难点是否突出是影响教学质量的最为关键的因素，这说明在高校羽毛球教学中，教师对教学过程组织的重视程度和实际能力对教学质量具有直接影响。

（三）羽毛球教学质量评价体系应用

基于高校羽毛球教学现状，通过教师自评和学生评价相结合的方式，对当前羽毛球教学活动开展中的各项指标内容进行评分，然后将调查得分与权重相乘得出最终评分。最终评分分数越高，说明该项指标对应的质量水平越高；分数越低，则说明该项指标对应的内容需要改进，从而确保整体教学质量的提升。

四、高校羽毛球教学质量提升路径分析

(一)加大教学资金的投入力度

经费不足是当前我国高校羽毛球教学开展中面临的一个问题。经费不足限制了丰富多彩的羽毛球活动的开展、羽毛球基础设施的建设以及羽毛球科研工作的进度,导致难以满足高校羽毛球教学与训练的实际需求。因此,相关部门要加大资金投入力度,加强羽毛球场馆设施基础建设,为羽毛球教学的顺利开展提供基础保障。高校增加教育投资力度,除了可以改善羽毛球教学场地设施条件外,还能够改善羽毛球师资队伍建设现状,可以将一定比例的教育经费用于羽毛球教师培训、提高羽毛球教师待遇,从而提升羽毛球教师的教学积极性和业务能力。总之,要想促进我国高校羽毛球教学质量的提升,一定要加大经费投入力度,加强硬件与软件资源建设,为羽毛球教学奠定基础保障。

加大羽毛球教学经费的投入力度需要注意以下两点。

第一,转变只依赖教育部门投资的现状,实施多元化投资主体模式,并寻求社会赞助。

第二,高校自身积极拓宽资金筹集渠道,为羽毛球教学、训练和科研提供经费支持。

(二)创建轻松活泼的教学环境,激发与调动学生的学习兴趣

传统羽毛球教学方法比较单一,而且带有一定的强制性,学生被灌输知识,被动接受,自主意识得不到重视,课堂氛围沉闷,整个课堂教学过程枯燥乏味,模式化严重,最终导致学生学习兴趣和热情不高,教学效果与预期差距大。针对这个问题,应该加大对羽毛球教学方法的改革与创新力度,创建轻松的教学环境、营造活泼的教学氛围,使学生感受到学习羽毛球的趣味,并乐于学习、主动学习。为了达到这一目的,需做好以下几方面的工作。

第一,羽毛球教师要善于调动课堂气氛,使学生保持愉悦的心情来自主学习、配合教师,使其在良好的状态下对羽毛球运动的魅力产生深刻的体会,从而将其学习兴趣和热情激发与调动起来。

第二，要营造轻松欢悦的课堂教学氛围，就要将有趣的游戏教学法融入羽毛球课堂中，使学生“边玩边学”。

第三，在羽毛球教学方法创新中强调教师与学生的互动性，教师与学生一起练习、游戏或比赛，言传身教，以感染和带动学生，用实际行动激励学生。

（三）加强师资建设

教师在羽毛球教学中起着主导地位，组织和指导教学活动的顺利开展，由此可见，教师在羽毛球教学中扮演着至关重要的角色。因此，为提高羽毛球教学质量，教师必须不断提升自己，使自己在业务能力、综合素质等方面得到发展和提高。高校要注重对在职教师的培训以及对优秀教师的引进，提升羽毛球师资队伍的整体水平。

要想保证羽毛球教学的质量，那么，提高羽毛球教师的综合素质是一件必须重视的事情。作为一名优秀的羽毛球教师，仅仅熟练掌握羽毛球理论知识与技能是远远不够的，还需要具备良好的语言表达能力、出色的教学设计能力、良好的课堂教学组织与管理能力以及科研能力等，只有这样才能更好地在羽毛球教学中发挥作用，提高教学质量。羽毛球教师要不断完善自己的知识结构体系，与时俱进，这样才不会落伍，不会被时代抛弃。总之，不断提升羽毛球教师的综合素质与教学水平，构建高水平的羽毛球教师队伍，对提升羽毛球教学效果具有重要意义。

（四）构建与完善教学评价体系

教学评价是羽毛球教学体系中必不可少的内容之一，合理的教学评价能为教师提供客观而准确的教学反馈信息，帮助教师及时调整羽毛球教学方案，保证羽毛球教学活动的顺利开展和良好效果的获得。教学评价是为教学目标服务的，在开展羽毛球教学评价活动时，要把握科学性原则，做到过程评价与结果评价的统一。另外，影响羽毛球教学质量的因素是多样的，这就要求教学评价必须保持动态性。

构建与优化羽毛球课程教学评价体系，除了要加强评价指标体系的建设外，还要积极革新评价手段，促进教学评价主体、评价方式的多元化，从而提高教学评价的准确性和实效性。

第三章

高校羽毛球科学健身指导

大学生肩负着实现中华民族伟大复兴的历史使命，而拥有强健的体魄和健康的心理是大学生为祖国发展做贡献的基础条件。大学生积极参与体育健身是强身健体、提高身心健康水平的重要方式。羽毛球作为一项全身性的体育健身项目，具有重要的健康价值与育人功能，能够使大学生身体各个部位和各项身体素质得到较为全面的锻炼，因此高校在开展羽毛球运动的过程中，要多举办一些丰富多彩的羽毛球活动，指导大学生科学参与羽毛球健身，提高大学生锻炼效果和身心健康水平。本章主要对高校羽毛球科学健身指导进行研究，主要内容包括羽毛球健身环境与服装的选择、健身原则与方法、健身技术指导、健身战术指导、趣味健身方法、健身的饮食营养与损伤处理以及高校课外羽毛球活动的开展与优化。

第一节　羽毛球健身环境与服装的选择

环境和服装是影响运动健身的重要因素，高校大学生参与羽毛球健身锻炼，要选择安全的运动环境和适合自己的运动服装。

一、羽毛球健身环境的选择

（一）选择适宜的运动环境

有的学生喜欢在气温稍高或稍低的环境下进行锻炼，这样有助于提高机体的适应能力，锻炼意志品质，但这种运动环境不适宜体质较弱的学生。为了安全考虑，比较保险的方式是夏季在阴凉处进行羽毛球锻炼，冬季选择气温较高的时间段进行羽毛球锻炼。

大学生要选择自己熟悉的环境，在相对固定的时间进行锻炼，这样能有效提高锻炼的安全性。如果在陌生的环境锻炼，很容易因为不熟悉环境而出现失误或损伤，危害健康。

（二）选择卫生标准较高的运动场地

羽毛球健身运动既可在室内进行也可在室外进行，但不论在室内还是在室外，都应注意场地卫生，尤其是要有好的空气质量。在室外运动，良好的场地卫生能有效降低运动损伤的发生概率。大学生选择的羽毛球健身场地应该满足地面平坦，无凹坑、碎石，无浮动和其他杂物等基本条件，以免发生碰撞。另外，地面也不宜太滑，以防摔倒。

二、羽毛球运动服的选择

羽毛球运动虽然简便易行，但是在运动过程中需要全身活动，动作幅度比较大，很容易出汗，因此大学生在运动前要选好服装，具体要注意以下几个要点。

（一）服装合体、较为宽松

羽毛球是全身性运动，大学生完成各项技术时全身各部位都要动起来，而且动作幅度相对比较大，所以适宜选择比较宽松的运动服，这样不会对肢体动作造成束缚，不会使动作的正常完成和准确性受到影响。

需要注意的是，服装的宽松度应该在合理范围内，也就是相对宽松，基本合体，不能太松，否则也会给正常击球带来不便。

（二）运动衫的选择

无论在场馆内打羽毛球，还是夏天在室外打羽毛球，短袖运动衫往往是运动上衣的首选。选择运动衫要特别注意材质，以吸汗性强、有排湿性能的运动衫为宜。这样一来，不具备排湿性能的纯棉运动衫就不适合了，否则出汗后衣服会粘在身上，造成体感不适。

一般来说，吸汗、排湿是很多羽毛球专业品牌所提供的运动衫都具备的性能，因此有条件的大学生尽量选择运动品牌的服装。

（三）运动裤的选择

参加羽毛球健身锻炼的大学生选择运动裤时，虽然不必考虑是否吸汗和排湿，但是否有弹性是需要考虑的。弹性材料的运动裤比较适合在打球时穿，这种运动裤不会对大幅度步法动作的完成造成影响，而且看上去也不是松松垮垮的，不会让人觉得不修边幅。

如果没有合适的弹性材料的运动裤，也可以选择非常宽大的单层棉布材质的运动裤，之所以强调宽大，是为了保证大跨步移动不会受到影响。尽量不选加了衬里的运动裤，以免对下肢大幅度动作的完成造成限制。

三、羽毛球鞋的选择

对打羽毛球的大学生来说，一双合适的羽毛球鞋是最基础也是最主要的装备，运动鞋选得是否恰当，不仅影响动作的发挥和锻炼效果，还直接关乎运动安全。选择羽毛球鞋主要考虑以下性能。

（一）防滑性

选择羽毛球鞋，鞋底防滑很关键，鞋底材料最好是生胶，这是防滑性较好的制鞋材料。

（二）缓冲性

选择羽毛球鞋还要考虑鞋的减震性和缓冲性，这主要是因为在羽毛球运动中有些比较剧烈的急起急停的动作，如果鞋子减震性好，有利于缓冲，从而保护下肢，减少受伤的概率。将硅胶放入鞋底或将小气囊垫子加在鞋后跟的球鞋一般来说减震效果都比较好。

需要注意的是，虽然鞋垫越厚缓冲性越好，但也不能为了有利于缓冲而选择不适合自己的厚鞋垫运动鞋，鞋子适合自己最重要。

（三）舒适性

大学生选羽毛球鞋时，可以选择比平时穿的鞋大一点的运动鞋，这样跑动起来脚部就不会有束缚感。一般来说，球鞋比平时穿的鞋大半码或一码都可以。有的学生认为穿正好合脚的鞋就可以，但羽毛球运动是全身性运动，在运动中要不停移动，双脚血液循环加快，有明显的充血现象，所以刚好合脚的鞋在脚出汗、充血时可能就感觉有些紧了，这就是建议买大半码或大一码球鞋的主要原因。

除了尺码要大一点外，球鞋应该前面松一些，侧面紧一些。前面松主要是鞋头宽松，这样有利于缓冲和减震，并避免移动时脚趾顶到鞋头摩擦受伤。侧面紧主要是为了预防侧向滑倒后扭伤脚。

（四）保护性

羽毛球鞋还应该具有保护性，一是保护脚弓，二是保护脚踝，为了避免磨脚，尽量选择脚踝部位开口较软的鞋。如果鞋的后半部分比较硬或有硬质材料的东西，也是可以起到保护作用的。

（五）耐磨性

大学生参与羽毛球运动的过程中要不停移动，鞋前内侧会被频繁拖动，所以很容易造成严重的磨损。鉴于此，为了增加运动鞋的使用寿命，选择耐磨性好的运动鞋非常必要。

第二节　羽毛球健身的基本原则与方法

一、羽毛球健身的基本原则

（一）适度性原则

在羽毛球健身中，运动量不是越大越好。运动适量，可增进健康，但运动强度过大会对身体造成一系列的损害。

适度运动的把握方法如下。

（1）以健身为目的的羽毛球活动，运动强度应控制在中、小强度范围内，即有氧运动范围。

（2）控制运动时间。运动时间要因人而异，一般为 30 ~ 60 分钟。

（二）渐进性原则

循序渐进是指在羽毛球运动过程中，运动负荷要由小到大、动作应由易到难、练习组合应由简到繁，循序渐进地进行。大学生在羽毛球健身中不能急于求成，开始运动时运动量和强度要小一些，随着身体素质的提高和运动能力的提升，身体适应性不断增强，再逐渐加大运动量和强度。

（三）FIT 原则

FIT 是 Frequency、Intensity 和 Time 三个英文单词的缩写，意思分别是次数、强度、时间。大学生参与羽毛球运动健身，必须做好对练习次数、练习强度以及练习时间的合理监控，这样才能取得理想的健身效果，有效增强体质。

1. 练习次数

大学生要安排好每周的锻炼计划，确定一周要完成几次羽毛球健身，比较适宜的次数是一周 4 次左右，次数太少不利于良好锻炼效果的获得，次数太多又容易造成身体疲劳，影响学习。

2. 练习强度

大学生在羽毛球健身中可以通过心率测量来控制运动强度。一般来说，控制在最大心率的 60% ~ 80% 是比较适宜的。大学生在健身中应该根据自己的身体情况逐步增加练习强度，以不断提高机体的适应能力，提高锻炼效果。如果一直按照一种强度锻炼，那么体质健康保持在一定水平后就难以继续提升。

3. 练习时间

这里的练习时间指的是每次运动持续多长时间。一般来说，大学生参与羽毛球健身锻炼，一次锻炼时间持续 40 ~ 90 分钟左右为宜。相对来说，对练习时间的控制比对运动强度的控制容易一些，合理控制练习时间有助于促进心肺耐力的提升和锻炼效果的优化。

（四）自觉性原则

自觉性原则是指在健身过程中大学生应自觉听从组织者或指导者的安排，并且具有一定的自律意识，能够自觉、主动地锻炼，将运动目的与运动过程有机联系。大学生还应自觉制订健身计划，并自觉为将要参加的业余比赛做准备。自觉锻炼应成为大学生内化的思想意识，这对大学生坚持参加羽毛球运动具有积极意义。

二、羽毛球健身锻炼的方法

（一）连续锻炼法

连续锻炼的好处在于保持负荷量在一定的水平上，使身体充分地受到负荷的刺激。连续锻炼时间的长短同样要根据负荷价值有效范围而确定，通常认为在140次/分左右心率下连续锻炼20～30分钟，可使机体各个部位长时间地获得充分的血液和氧的供应，能有效发展有氧代谢能力。

（二）游戏锻炼法

游戏锻炼法是指采用游戏形式锻炼身体的方法，目的在于提高兴奋性，激发兴趣。大学生在愉快的氛围中参与羽毛球健身运动，能够锻炼身体、愉悦身心、调节情绪、缓解压力。

（三）竞赛锻炼法

竞赛锻炼法指的是大学生在竞争的环境下进行健身锻炼的方法。这种健身方法对大学生的要求比较高，不仅是对身体素质、运动能力的要求，还包括对心理素质、意志品质、道德品质的要求。大学生以竞赛的形式进行羽毛球运动锻炼，能够发现自己在体能或技能上更大的潜能。在竞赛中，大学生要在自己良好体能的基础上灵活运用羽毛球技能，在双打比赛中要与同伴默契配合，协同完成任务，争取获得胜利。

需要注意的是，竞赛练习和真正的体育竞赛还是有区别的，竞赛健身练习没有明显的功利性，主要是为了改善身体机能，提高身体素质，促进体质健康；积累实战经验；促进竞争与合作意识及能力的提升；培养自信心和集体主义精神。正式的体育竞赛主要就是为了取得比赛的胜利,有明显的功利性。但是也不能完全淡化竞赛练习的功利性,带有竞争性的功利意识能够激发大学生的参与热情与积极性,促进大学生在竞赛中有更好的发挥。

大学生采用竞赛练习方法进行羽毛球健身锻炼时,需要注意如下事项。

1. 控制情绪,安全第一

羽毛球竞赛有明显的竞争性,即使是以强身健体为主要目的的竞赛也是相对激烈而刺激的。大学生在比赛中要将自己的情绪控制好,调整心态,把握好节奏,在身心承受最大负荷能力的范围内发挥技能水平,不要冒失与逞能。如果在比赛中感觉身体不适,及时调整状态,必要时退出比赛,及时休息或治疗。

2. 灵活运用比赛规则

竞赛作为一种比较新颖的健身锻炼方法,在增强体质、愉悦身心、锻炼意志、培养自信心、促进社交等方面发挥了重要作用。要使这些积极作用得到充分发挥,就应该保证竞赛活动的科学性、规范性及有序性,因此要按照正式比赛规则来组织羽毛球比赛,可适当简化比赛规则,降低要求,并将一些有趣的规则融入其中,使比赛规范而不失趣味。

(四)组合锻炼法

组合锻炼法指的是将两种或两种以上性质有差异的练习组合起来循环性地依次练习的方法,因而也被称作"循环练习法"。在大学生日常羽毛球健身锻炼中,组合练习法是一种比较常见的锻炼方法,其特点主要表现在以下几个方面。

(1)有多种练习手段,能比较全面地促进身体健康。

(2)依次练习的方式更有助于调动大学生的兴趣与积极性,达到一定的练习量能够促进大学生体质健康。

(3)一般由大学生独立完成组合练习内容,能够促进大学生能动性的发挥和自主锻炼能力的提升。

组合练习方法的具体运用形式有两种,一种是流水式的组合练习,另一种是分组轮换式的组合练习。不管采用哪种形式,都有助于弥补单一练习的片面性，不同练习内容产生不同的健身功效，各种练习内容在健身功效上相互补充与促进，从而促进大学生身体健康。采用组合练习法也能避免单一练习的枯燥乏味，能营造活跃的练习氛围，提高大学生练习的积极性。

大学生在羽毛球健身锻炼中采用组合练习方法，需要注意如下事项。

1. 根据需要选定练习内容

大学生根据自己的锻炼需要、锻炼目的而选择两种或两种以上不同性质的练习内容，在锻炼过程中将这些内容搭配起来。所选练习内容要有助于促进身体各部位体能素质的协调发展，最终促进身体健康水平的整体提升。

2. 合理安排练习次序

将两种或两种以上的练习内容搭配起来共同练习时，要注意确定先练什么，后练什么，然后平均分配各项内容的练习组数、次数和时间，提高练习的有序性，提高练习效率。除了平均分配各项练习内容外，也可以有主次之分，确定中心练习内容，然后围绕中心展开其他练习，中心内容练习时间长一些，其他辅助性练习内容所占时间较短，要重视主次之分、次序合理。

3. 合理安排练习间歇

采用组合练习方法时，要将下面两种间歇时间安排好。

（1）练习间间歇时间。这类间歇时间通常比较短，在间歇时间做一些轻松的活动，以积极休息为主，恢复体力，活动内容要有承上启下的作用，以顺利进入下面的练习中。

（2）组合间间歇时间。这类间歇时间可稍微长一些，使大学生可以休息好，消除疲劳。

第三节 羽毛球健身的技术指导

一、握拍技术动作指导

羽毛球握拍正规手法有五种，正手为两种，反手为三种，下面以右手持拍为例分析五种握拍方式。

（一）正手常规握拍

手持拍柄中间，虎口对向内上楞，拇指侧放于拍柄左侧宽面处，食指一二关节放于拍柄右侧宽面处，食指高于拇指，食指呈“小钩子”状，食指和拇指之间呈“V”字型，中指、无名指和小拇指低于食指约 2 ~ 3 厘米，侧放于拍柄的右侧宽面处，未击球时持拍须松弛（图 3-1）。

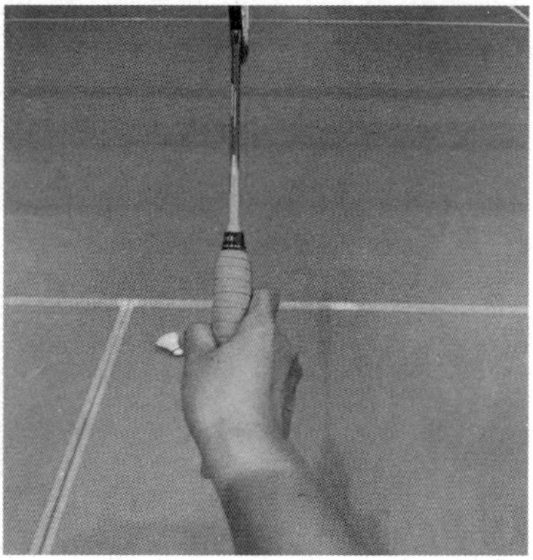

图 3-1 正手常规握拍

（二）正手双打封网握拍

正手双打封网握拍同正手常规握拍方法一致，区别主要在于位置的不同，正手双打封网握拍位置在拍柄的前 1/4，主要在拍柄的最前端，优点在于缩短力矩，能够加快挥拍速度，缩短击球距离（图 3–2）。

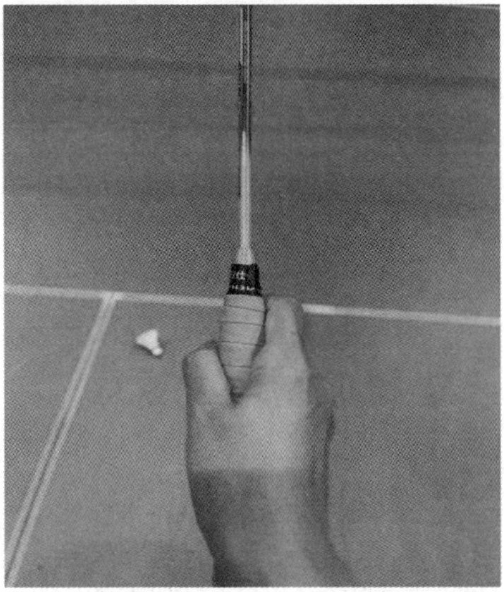

图 3–2　正手双打封网握拍

（三）反手常规握拍

拇指放在拍柄左侧宽面处，食指弯曲侧放于右侧宽面处，后三个手指自然放于拍柄下方，拇指与食指基本保持持平状态，未击球时持拍需松弛，击球时拇指起主要的顶压发力，其余手指联动发力（图 3–3）。

（四）反手扑球握拍

拇指放在拍柄左侧宽面处，指腹按压拍柄，其余四根手指基本持平放于拍柄右侧，拇指高于其余四根手指，发力时拇指起主要作用的按压发力（图 3–4）。

图 3-3　反手常规握拍

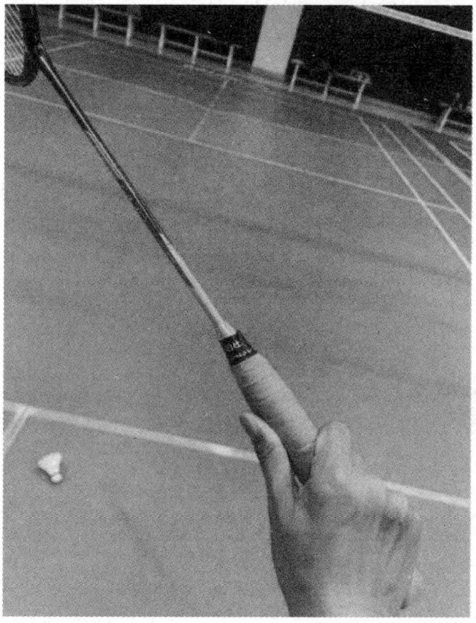

图 3-4　反手扑球握拍

（五）反手过渡握拍

拇指放于侧棱处，食指与拇指基本持平放于拍柄另一侧，其余三根手指自然放于下方，持拍松弛，手心空出（图 3-5）。

图 3-5 反手过渡握拍

两种常见的错误握拍方法如下。

（1）“苍蝇拍”式握拍。虎口对向拍柄的宽面处，拇指与食指持平（图 3-6），挥拍方式如同拿苍蝇拍打苍蝇，优点是好上手，容易击球，缺点是反手不易发力。

（2）“锤头”式握拍。握拍方式如抓锤头，握拍较紧，虎口、手心与拍柄紧密贴合，没有空隙（图 3-7），发力时手腕固定，手臂内旋发力，长时间肌肉处于紧张状态，容易诱发“网球肘”，优点是正手击球容易发力，缺点是反手不易发力。

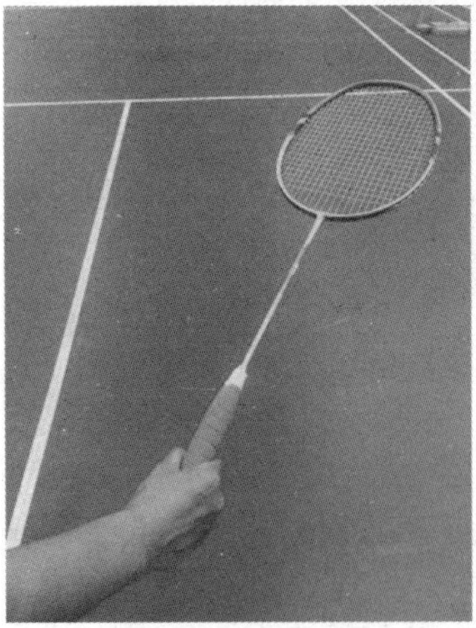

图 3-6 “苍蝇拍”式握拍

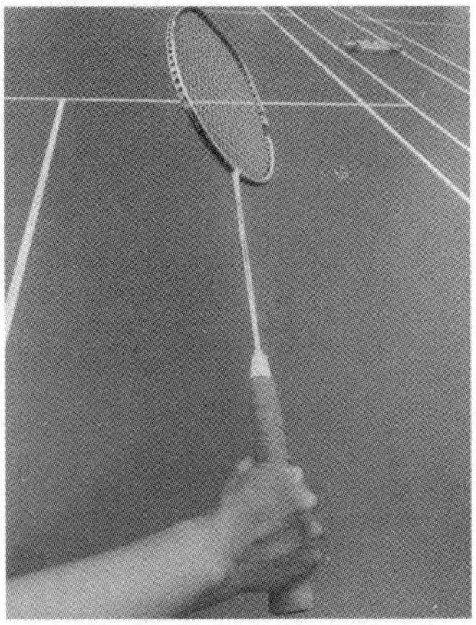

图 3-7 “锤头”式握拍

二、发球技术动作指导

（一）正手发球

（1）丁字步站位，脚跟对脚跟，左脚尖指向前方，右脚垂直左脚 90 度，脚尖指向右侧，侧身站位，以右手持拍为例，右手持拍在身体右后方，肘部微屈，左手持球在身体右前方，大概位于左脚尖右前方约 45 度位置，持球高度大约在下颌高度，手持球中部。

（2）重心由右脚蹬转发力转移到左脚，腰部核心用力，身体从右侧面转移到正前方，持拍手手腕随前外展。

（3）左手持球自然松开，当球下落到膝盖附近位置，右手顺势挥动球拍，手腕发力，将球击出。

（4）右手臂击球后自然随前，肘关节弯曲上抬，手腕内旋收于左肩上方。

正手发球技术一般包括正手发高远球、正手发平高球、正手发网前球、正手发平快球四种（图 3-8）。以正手发高远球为例，它是用正手握拍方法，以正拍面将球击得又高又远，使球飞行到对方的端线上空后突然改变方向，呈垂直下落至端线附近的一种发球。这种发球可以使对方退到离开我方场区最远的端线去击球，如果能够将球发得既高又远的话，可以有效地限制对方一些进攻战术的实施，使对方在接高远球时不容易立刻组织进攻。一般在羽毛球单打中发高远球使用较多。

准备动作　　转体展拍　　放球

鞭甩击打　　　　随前收拍

图 3-8　正手发球分解动作

正手发高远球的动作方法如下。

（1）两脚自然开立，左脚在前，脚尖对网，右脚在后，脚尖稍向右侧，重心在右脚上；左手拇指、食指和中指夹持住羽毛球中部，自然抬举于胸前方；右手握拍，自然屈肘举至身体的右后侧。

（2）持球左手自然松开，使球自然下落；右手上臂外旋，并带动前臂自下而上沿半弧形做回环引拍动作。

（3）拍面与球在身体右侧前下方接触的瞬间上、前臂迅速内旋带动手腕，快速向前上方闪动，屈腕屈指发力，用正拍面将球击出。

（4）身体重心移至左脚，持拍手随击球动作的惯性自然向上方挥动。

正手发高远球的完整动作过程如图 3-9 所示。

图 3-9　正手发高远球分解动作

（二）反手发球

（1）以右手持拍为例，身体面向球网站立，左脚在前，右脚在后，左脚踩实左腿站直，右腿微屈右脚尖点地，右手反手握拍，拍头指向下方，左手持球放于拍侧。

（2）击球前右腕外展，带动拍头外展，和球拍保持一定距离，准备发力击球。

（3）右手拇指用力顶住拍柄，手腕发力，左手自然将球松开，右手挥拍将球击出。

三、接发球技术动作指导

以右手持拍为例，左脚在前，右脚在后，双腿微屈，重心偏向左脚位，身体略微前倾，双手自然上抬在胸前位置，保持身体平衡，两眼注视前方（图 3-10），判断对方的发球方向准备接发球。

图 3-10　接发球

四、基本步法动作指导

在羽毛球运动中，步法可以根据运动员的移动场区方向大致分为上网步法、后退步法和中场两侧移动步法。

（一）上网步法

1. 跨步上网

跨步上网也称“交叉步上网”。运动员站位于球场中心稍靠后，两脚左右开立。右脚略前，上体稍前倾，目视对方击球。当球吊到网前时，迅速调整重心至后脚以协助快速起动，左脚用脚掌内侧起蹬，右脚向前跨大步，以脚跟和脚掌外侧着地滑步缓冲，脚尖外斜，右脚屈膝成弓箭步。击球后用并步或交叉步退回中心位置（图 3–11）。

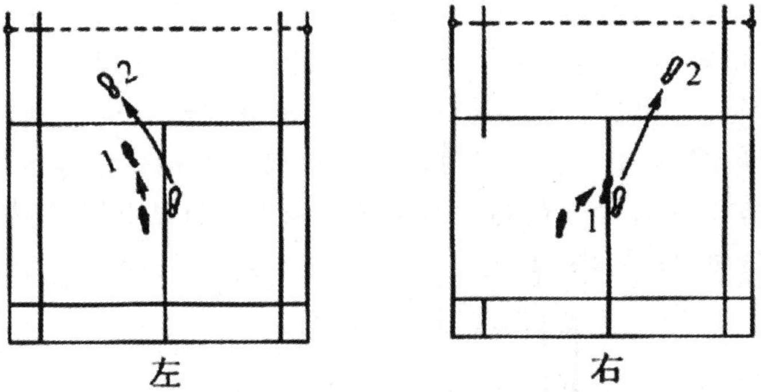

图 3–11 跨步上网

2. 垫步上网

右脚迈一小步，左脚随即垫一小步靠近右脚跟，接着右脚迅速向前跨大步上网，脚落地后与跨步上网相似。击球后用并步或交叉步退回中心位置。垫步上网蹬力强，速度快，在被动时有利于迅速调整重心，快速接应来球（图 3–12）。

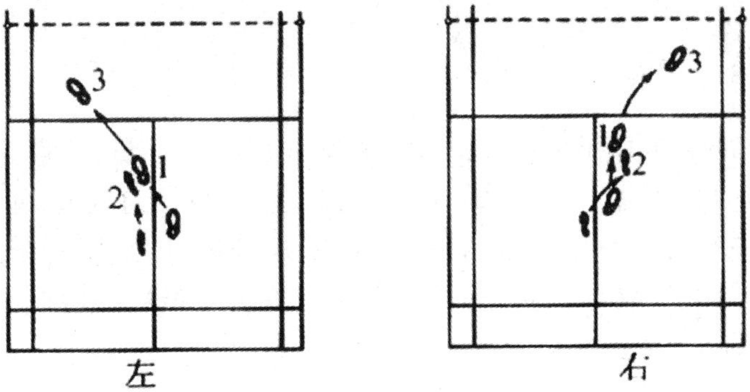

图 3–12 垫步上网

（二）后退步法

1. 正手后退步法

以侧身并步后退为例，准确预判对方可能会击出后场球后，在对方击球前刹那间，脚跟提起轻跳，迅速调整重心至右脚。接着右脚蹬地快速向右后撤一小步，上体右转侧身对网，左脚并步靠近右脚，右脚再向后移至来球位置。移动过程中手上要同时做好引拍动作准备，以便来球在右肩上方下落时可以顺畅地使用正手原地击球或跳起击球。击球后还原中心位置（图 3-13）。

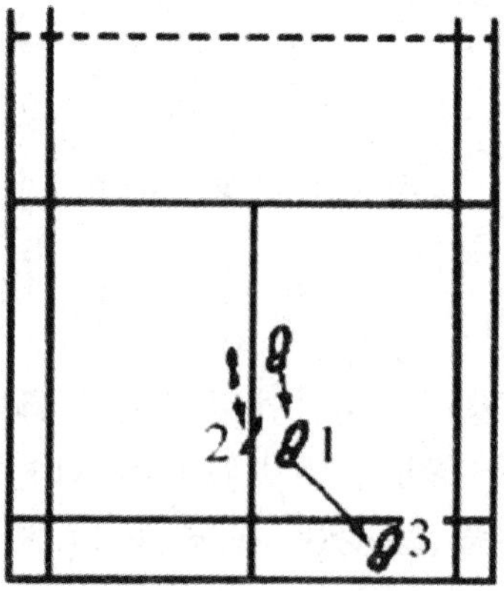

图 3-13　正手后退步法

2. 反手后退步法

调整重心后，为保持移动平衡，右脚先后撤一小步，接着上体左转，左脚随即向左后撤步，右脚再跨出一步，此时身体背对球网做反手击球。来球较近，可采用两步后退步法；来球较远，则采用三步或五步后退步法。无论采取几步后退，反手击球后退步法最后一步应右脚在后，重心在右脚上（图 3-14）。

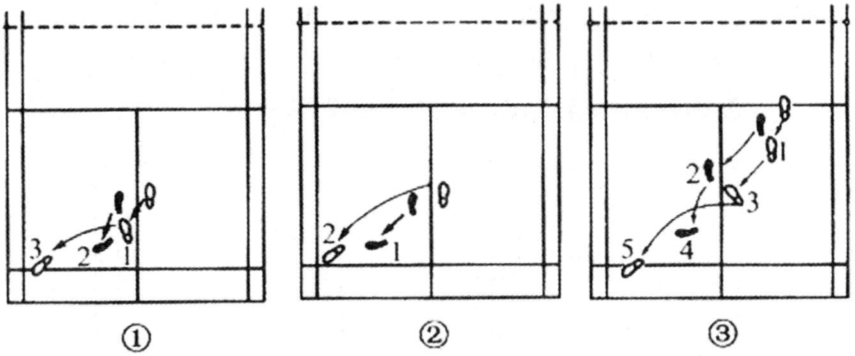

图 3-14 反手后退步法

（三）中场两侧移动步法

中场两侧移动步法一般用于防守对方劈杀球或半场低平球时使用。

1. 向右侧移动步法

两脚左右开立，脚跟稍提起，重心落于两脚之间，上体稍偏向左侧。起动时左脚掌内侧用力起蹬，右脚同时向右侧转跨大步。如来球较远，可先向右侧加入一个小垫步再起蹬，右脚同时向右侧转跨大步（图 3-15）。左图为右侧蹬跨步，右图为右侧垫步（两步）。

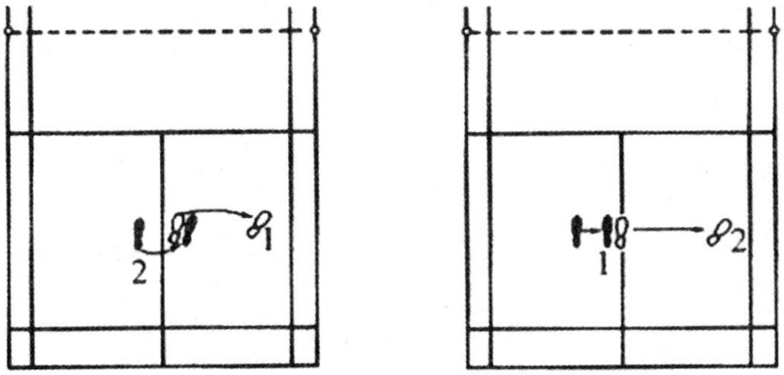

图 3-15 向右侧移动步法

2. 向左侧移动步法

两脚左右开立，脚跟稍提起，重心落于两脚之间，上体稍倒向右侧。

起动时右脚掌内侧用力起蹬，左脚同时向左侧转跨大步。如来球较远，可先向左侧移半步，上体向左转身的同时右脚向左前交叉跨大步（图3-16）。左图为左侧蹬跨步，右图为左侧蹬跨步（两步）。

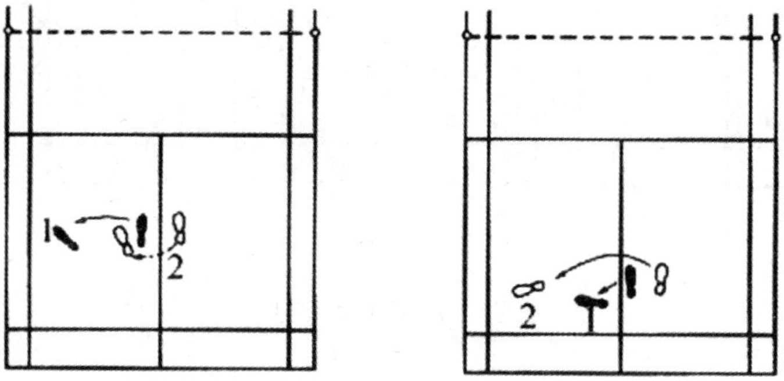

图 3-16 向左侧移动步法

五、后场技术动作指导

（一）高远球

高远球技术是后场技术的一种，也是羽毛球入门学习中非常重要的一项基础技术。它是一切上手击球动作的基础，是以较高的弧线将来球击到对方场区底线附近的球。高远球技术分为正手击高远球、反手击高远球、头顶高远球。

1. 正手击后场高远球

以右手持拍为例，连同准备动作，将正手击后场高远球动作分解为6个分解动作。

（1）准备动作：双脚自然开立略与肩同宽，右脚站位比左脚略靠前一个脚位，双腿微屈，双脚后脚跟抬起，身体略向前倾，双手持拍位于胸前位置。

（2）身体侧身，右脚移步到左脚后方，重心转移到右脚，左脚虚步内扣点地，双手上举，左手高于右手，左手掌自然打开，左手肘关节打开角度大于90度，右手肘关节小于90°，两小臂呈平行状态，两大臂成一条斜线，拍子与右手臂保持一条直线，右肘、右髋、右脚保持一条直线。

（3）转体顶肘，重心转移到左脚，左脚踩实直立，右腿微屈点地，右手肘关节顶于头部位置，右手腕外展，拍子手柄右宽面压于右食指二三关节处，手心空出。

（4）全身协调用力，右大臂带动小臂，小臂带动手腕手指用力挥拍，挥拍一瞬间握紧拍子，食指主要用力，闪动发力，击球点位于右肩上方。

（5）持拍手顺势前压，位于右前方约 45 度左右位置。

（6）右手臂屈肘收拍，手腕内旋收于左腰间，右脚顺势向前迈一步。

正手击高远球的完整动作过程如图 3-17 所示。

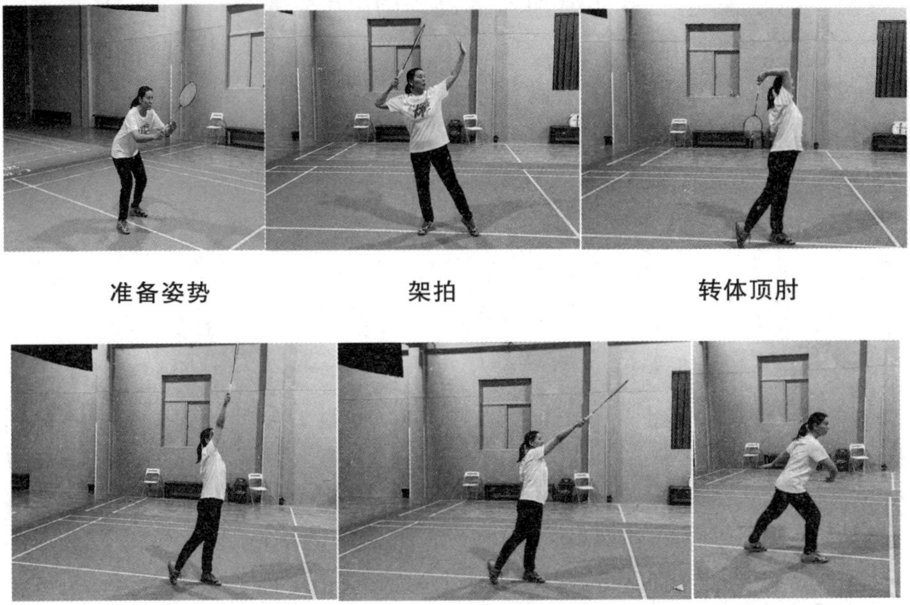

准备姿势　　架拍　　转体顶肘

挥拍击球　　压拍随前　　内旋收拍

图 3-17　正手击高远球分解动作

2. 反手击后场高远球

（1）从中心点出发，右脚并左脚向身体的左后方移动，握拍由正手转换为反手握拍，持拍于胸前，拍面朝上，肘关节朝下，引拍移动。

（2）右脚跨出，脚跟先落地，身体侧向球网，肘关节顶出，拍头自然下垂，手腕内展，拇指顶于拍柄宽面处，做击球前准备。

（3）右脚踩实，蹬地发力，腰腹带动身体转体，大臂带小臂，小臂带手腕，手腕外旋闪动发力，拇指用力顶住拍柄，找准击球点，将球击出，拇指为主要发力点。

（4）球击出后，顺势转身，持拍手自然落下，身体放松回中。

3. 头顶击后场高远球

在自己的左后场区，用正手在头顶中间部位或在左肩上方将来球击到对方底线去的高远球称为头顶击后场高远球。

准备击球时，侧身（左肩对网）稍左后仰。击球时，大臂带动小臂使球绕过头顶，从左上方向前加速挥动，在用力击球时，注意发挥手腕的爆发力和充分利用蹬地以及收腹的力量。击球后，左脚在身后着地并立即回蹬，同时右脚前移，重心移至右脚。

（二）吊球

1. 正手吊球

正手吊球与正手击后场高远球动作一致，都分为架拍、转体、挥拍、收拍四个基本动作，和正手击高远球的区别，一是在击球点，以右手持拍为例，高远球击球点在右肩上方，吊球的击球点在右肩前上方，比高远球略靠前一点；二是发力不同，高远球发力较大，将球从一方后场击至另一方后场，而吊球属收力打法，将球从一方后场击至另一方前场；三是击球手法不同，高远球是一个点将球击出，而吊球会形成一个切面，滑板或包切将球击出。

（1）正手右场区吊对角线通常以“包切”的手法将球击出，即来球时，拍面正对着球托将球包住，然后迅速地手腕外旋切球托的右后侧方将球击出。

（2）正手左场区头顶吊对角线通常以“滑板”的手法将球击出，即来球时，拍面正对着球托，手腕快速内旋滑切球托的左后侧方将球击出。

（3）正手吊直线，根据球的位置，可“滑板”、可“包切”。

2. 轻吊(拦截吊)

击球前期动作同正手击高远球。击球时,一种轻吊时的拍面变化同劈吊基本一致,但用力要更轻些;另一种是击球时,拍面正击球托或借助于来球的反弹力用球拍轻挡,使球过网后贴网而下。后者多用于拦截对方击来的平高球和半场高球。

3. 反手吊球

反手吊球和反手高远球动作基本一致,区别也是在于力度和手法的不同,另一个区别在于握拍的不同。反手高远球握拍拇指顶于拍柄宽面处,而反手吊球拇指顶于拍柄小侧楞处,吊直线球时,用球拍反面切削球托的后中部,向对方右网前发力;吊斜线球时,用球拍反面切削球托的左侧,朝对方左网前发力。反手高远球也可适用于拇指顶小侧棱处发力。

(三)杀球

1. 正手杀球

准备姿势和动作要领与正手击高球相同。以右手持拍为例,击球前,右腿屈膝下压,重心在右腿,左脚虚步内扣点地,准备蹬起时,侧身起跳交换脚,往右上方提肩带动上臂、前臂和球拍上举,以便向上伸展身体。起跳后,身体后仰挺胸呈反弓形。接着右上臂往右后上摆起,前臂自然后摆,手腕后伸,前臂带动球拍由上往后下挥动,这时握拍要松。随后凌空转体收腹带动右上臂往右上摆起,肘部领先,前臂全速往前上挥动,带动球拍高速前挥。当击球点在肩的前上方时,前臂内旋,腕前屈微收,闪腕发力杀球。这时手指要突然抓紧拍柄,把手腕的爆发力集中到击球点上。球拍和击球方向水平面的夹角小于 90 度,球拍正面击球托的后部,使球直线下行。杀球后,前臂随惯性往体前收。

正手杀球基本动作同正手击高远球动作一致,区别在于击球点和力度的不同,正手击高远球击球点在右肩上方,正手杀球击球点在右前方,从击球到落地呈三角形状态。

2. 反手杀球

准备姿势和动作要领与反拍击高球相同。不同点是击球前的挥拍用力要大,击球瞬间球拍与杀球方向的水平面夹角小于 90° 。

3. 跳杀

侧身右脚后退一步准备起跳。起跳后,身体向右后方腾起,上身右后仰或反弓形,右臂右上抬,肩尽量后拉。击球时,前臂全速往上摆起,手腕从后伸经前臂内旋至屈收,同时握紧球拍压腕产生爆发力,高速向前下击球。突击扣杀后,右脚在右侧着地屈膝缓冲,重心在右脚前;右脚在左侧前着地,利用左脚蹬地向中心位置回动,手臂随惯性自然往体前回收。

六、中场技术动作指导

(一)接杀球技术

准备接杀时重心要降低,站于场地的中后场位置,近距离接杀时可以不用移动步法,只需根据球的位置转移重心进行接杀,稍远距离的接杀,可以加上垫步跟进球的位置进行接杀,在远距离的位置,可以垫步加跨步或交叉步进行移动接杀。

1. 正手接杀挡网

以右手持拍为例,双脚平行站位,距离略宽于肩,重心下降随来球转移在右腿,右手臂沉肘位于身体右侧,前臂外旋,手腕持拍外展,左臂自然上抬做接杀前准备,接杀球时,以肘关节为轴,根据球的力量,前臂跟球后内旋带动手腕和拍面,借助球的力量将来球轻挡于网前。

正手接杀球动作如图 3-18 所示。

图 3-18　正手接杀球

2. 反手接杀挡网

以右手持拍为例,重心转移在左腿,步法根据球的远近距离进行移动,右手臂随球伸于身体左侧,同正手接杀一样沉肘,前臂内旋,手腕持拍内展,左臂随身体重心转移右臂的相反方向上抬保持平衡,接杀球时,以肘关节为轴,前臂跟球后外旋带动手腕借助球的力量将来球轻挡于网前。接杀挡网可用于挡直线,也可挡斜线。

反手接杀球动作如图 3-19 所示。

图 3-19　反手接杀球

3. 接杀推后场

准备姿势和接球前的动作与挡网前球基本一样,只是在触球前的瞬间要握紧拍子，以手腕为主发力向前稍上方“甩”腕（正手推后场，腕部动作由伸腕经前臂内旋至腕伸直，反手推后场，腕部动作由展腕经前臂稍外旋至收腕）。

4. 接杀抽高球

若对方杀球不够凶狠，或对方采取杀上网战术时，可抽高球回击，以便伺机反攻。其准备姿势与挡网前球一样，击球动作与挑高球相似，不同的是对方来球速度较快，可以借力反弹。

（二）平抽挡技术

平抽挡技术多用于双打。其出球特点为过网速度快，以平快球为主，球相对比较贴网，击出的球尽可能控制在网顶 10 厘米以内，可用力平抽，也可卸力轻挡，对出手速度以及正反手转换握拍的要求较高。

动作要求为身体重心压低，根据来球位置，正反手灵活转换握拍，可半蹲式头顶击球，也可以正反手在腰间、胸前等位置推出来球，以最短挥拍距离进行击球。脚步不能站死，根据球的落点、速度灵活移动，如果主动可向前半步抢位，争取球的胜势。

平抽挡技术包括正手和反手两种情况，正手上手击球和反手上手击球如图 3-20 和图 3-21 所示。正手平抽和反手平抽如图 3-22 和图 3-23 所示。

图 3-20 正手上手击球

图 3-21　反手上手击球

图 3-22　正手平抽球

图 3-23　反手平抽球

七、前场技术动作指导

（一）放网前球

以正手放网前球为例。正手握拍，球拍向右前上方斜举。向右侧侧身，右脚向右侧前方迈一大步成弓步。击球时，右臂带动手腕稍后伸，小臂稍外旋，手腕右后伸，右手轻松握拍，在手指手腕的控制下，轻击球托底部将球轻松过网。击球后快速还原以便为下次击球做准备。

（二）搓球

以正手搓球为例。击球前动作方法与正手放网相似。击球时，在球拍举至最高点时前臂稍外旋，手腕由后伸至稍内收与网前击球前期动作一致。击球时，要体现出“搓”“切”等动作，击球的右下底部。击球后快速还原以便为下次击球做准备。

（三）勾球

以正手勾球为例。移动到右网前，球拍随上臂向右前方斜平举，同时前臂稍有外旋，手腕稍后伸，食指的第二指节贴在拍柄的外侧宽面上。击球时，稍微向内旋动靠前的手臂，然后向左拉收，手腕从稍微伸展到内收抖腕，对球托的右侧下部做击球动作，使球沿着网的对角飞行至对方另一侧网前角落。击球后快速还原以便为下次击球做准备。

（四）推球

以正手推球为例。移动至网前右侧，球拍向右侧平举，前臂稍外旋，手腕后伸，拍面对准来球。击球时，尽量向后引拍，积攒足够的力量，手腕由后伸直并且闪腕，食指向前方压下，同时小指和无名指突然将拍柄握紧，使球拍快速由右经前向左挥动击球。击球后在回动过程中回收球拍于胸前。

（五）扑球

以正手扑球为例。身体重心向右侧转移，左脚先蹬地后右脚随即发力蹬跃，使身体向球网右侧快速跃起，球拍正对来球。击球时，前臂带动手腕和手指快速抖动发力扑接。值得注意的是，避免球拍触网犯规，在回接距网较近的回球时可采用手腕从右向左将球压下的“滑动”式扑球方法。击球后，注意调整重心及快速还原。

第四节 羽毛球健身的战术指导

羽毛球战术是羽毛球运动员在比赛中为展现自己的高超竞技水平，战胜对手，取得比赛胜利而采取的所有计谋和行动的总称。羽毛球比赛是双方运动员关于体力、技战术、心理以及智慧等多方面的较量，在对抗性羽毛球比赛中，运动员尽可能发挥特长，规避或防范自己的弱点，同时限制对方发挥特长，攻击对方弱点，积极争取主动，这种以己之长、攻彼之短、避己之短、抑彼之长的意图都是通过合理的战术行动实现的。在高水平羽毛球赛事中，双方实力不分伯仲，几乎势均力敌，当双方技术能力相当时，竞争和对抗显得越发激烈。这种情况下双方获取主动和得分的关键在于采取合理的战术行动，有效节约体能，运动员要从自身与对方的打法特征与风格出发，设计与选用适宜的战术，灵活实施战术，充分把握比赛的主动权，争取得分。因此，在羽毛球赛事中，运动员得分与获胜的关键在于对羽毛球战术的合理选用与有效实施。所以在羽毛球运动员培养中非常重视对战术能力的培养，通过战术训练有效提升运动员的战术能力，促进技战术的相互作用，提高运动员的核心技能水平。

羽毛球战术对羽毛球运动员而言至关重要，对参与羽毛球健身锻炼的大学生来说也是需要掌握的羽毛球技能。羽毛球健身方式非常多，课余羽毛球比赛也是一种特殊的羽毛球锻炼方式。大学生参加课余羽毛球比赛时，如果能够合理使用战术，便能提高获胜的概率，这对提升大学生对羽毛球运动的兴趣、满足其成就感以及进一步激发大学生不断提升自己羽毛球运动能力的动机具有重要意义。下面简单分析羽毛球单打战术和双打战术的操作方法，为大学生参加羽毛球锻炼和比赛提供实践指导。

一、羽毛球单打战术方法指导

（一）发球位置与方式

1. 根据对方站位确定发球位置

（1）发网前球

对方站位靠近后场时，网前区域空当多，此时适合发网前球，如向图 3-24 中的 1 号或 2 号位置发球。

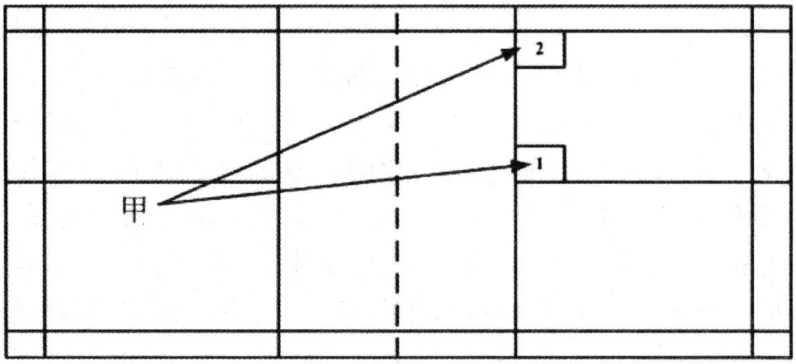

图 3-24　发网前球

（2）发后场球

对方站位比较靠近网前时，后场区域空当多，适合发后场球，即向图 3-25 中 3 号或 4 号位置发球，如此发球效果更好。

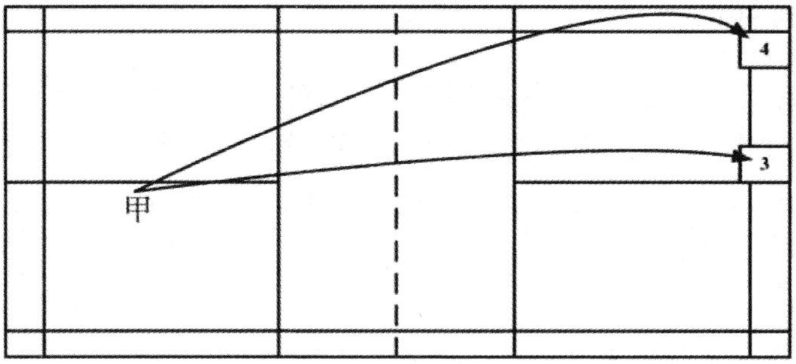

图 3-25　发后场球

2. 根据对方接发球特点选择发球方式

比赛前要了解对方的接发球特点和风格，分析对手接发球习惯，总结对方接发球的规律，尽量避开对方擅长的接发球方式来选择发球方式，让对方回球时找不到感觉，尽量多发对方比较难接的一些落点的球，从而争取主动，使对手防不胜防。

（二）发球抢攻战术

发球抢攻战术指的是依据对方的站位、接发球特点、习惯的回球路线等有目的性、有针对性地发多变的球，从而在开始就占取主动权，守住进攻地位。

1. 发后场高远球

根据对方站位来发球，若对方所在位置离前场近，则向对方后场底线发后场高远球，迫使对方后退接球，这样对方很容易出现回球不到位的情况，这时就要采用吊球或杀球的方式迫使对方回球失误。

2. 发平射球

当对方反应速度差、技术能力一般、不习惯打追身球时，可选择发平射球，向对方身体对准发球，迫使对方匆忙回球，这时我方要创造机会迅速上网扑球。

3. 发网前球

根据对方站位决定是否发网前球，当对方所在位置离后场较近时，选择发网前球，对方不得不推球、挑球，若对方移动和反应比较慢时，就会影响接发球的质量，这时我方伺机平推底线两角或迅速扑杀，迫使对方接发球时出现失误。

(三)接发球抢攻技术

在发球者发球质量不高时，接发球者进行接发球抢攻可获得主动权，从而给发球者造成威胁。

1. 接发网前球

接网前球时，尽量选择较高的击球点，推球、放网前球、挑高球等都是回击时采用的主要击球技术。如果发来的球弧线较高，接发球者可直接抢先进行上网扑杀，以威胁对手。

2. 接发高远球、平高球

如果发球者发出的高远球或平高球质量不高时，接发球者可利用这个机会进行抢攻，回击技术可采用平高球、吊球或杀球，具体需以对手发球后的站位来选择击球技术。

3. 接发平射球

发球者发平射球时，接发球者采用快杀技术或追身球来还击，也可拦吊对角网前来进行回击。

(四)压后场战术

压后场战术的方法为，我方运用推球、高球、平高球等技术反复向对方后场底线区域尤其是反手后场区域压球，使对方被动接球，然后我方伺机快速采用吊球、杀球等技术向对方前场空当突击进攻。当对方不习惯后场反手区域击球时适合采用专门进攻对方后场的这一战术。

（五）四方球战术

四方球战术是向对方前后场四个角进攻的战术，适用于对付技术掌握不全面、情绪不稳定、体力差的对手。

采用四方球战术时，主要运用的发球技术有发平高球、发高远球、发网前球、吊球、搓球、挑球以及推球等，运用这些技术的要求是快、稳、准，落点角度大，不断变化线路。采用这些进攻技术把球发到对方半场四个角，迫使对方向不同方向移动接球，对方在来回奔跑中可能会因为身体重心不稳或来不及向中心位置返回而影响回球质量，此时我方要抓住对方的弱点和对方前后场的空当进行突击，向空当进攻。

二、羽毛球双打战术方法指导

（一）双打站位

1. 平行站位

在对方进攻时，我方两人在左右半场区域平行站立，为防守做准备，如图3-26所示。这样的站位便于两人配合向进攻方后场底线两角压球，并在对方扣杀球时也能向底线两角挑高远球或平抽反击，使对方无力回球或迫使其出现失误。

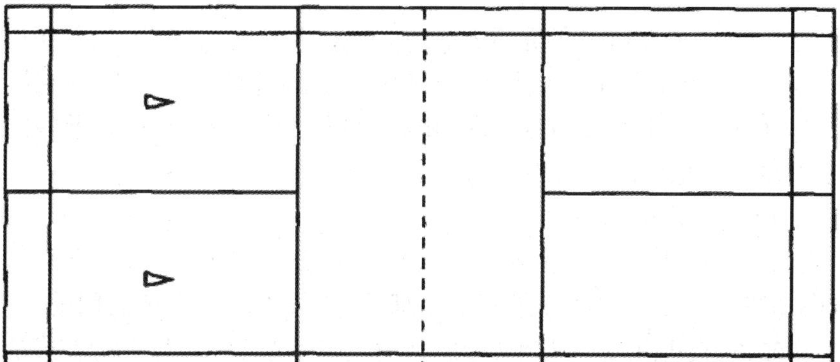

图3-26　平行站位

2. 前后站位

羽毛球双打中，进攻的两人需采用一人前场、一人后场的前后站位方式（图 3–27），两人分管前场和后场，协同完成前场封网、后场进攻的战术任务。注意两人前后站位不要在一条直线上，防止遮挡后场队员的视线而对后场进攻造成不良影响。

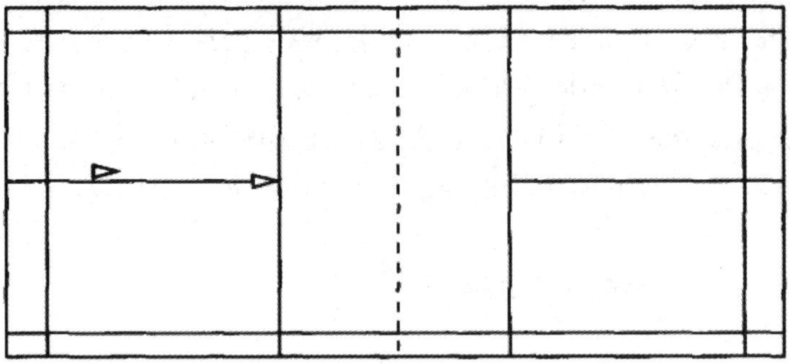

图 3–27　前后站位

3. 队形变化

羽毛球双打中攻守局面瞬息万变，因此不能从头到尾只采用一种站位队形，双方都要根据攻守局面的变化以及为了完成攻守任务的需要而不停地调换站位队形，但也不要为了变而变，要按照一定规律有目的地变换队形，充分发挥不同队形的作用。

下面简单分析前后站位与平行站位两种站位队形之间的相互变化。

（1）前后站位→平行站位

选手甲 1、甲 2 刚开始是前后站位，当对方吊网前球时，我方要快速挑后场高球，选手甲 1 完成挑后场高球后从挑球位置向中后场直线后退，与此同时，选手甲 2 也向另一侧半场移动，成为平行站位，做好防守准备。站位变化如图 3–28 所示。

（2）平行站位→前后站位

选手甲 1、甲 2 以平行站位方式站在半场左右两侧，当对方吊右侧网前小球时，甲 1 上网同样吊网前小球，甲 1 接发球后随球向网前移动，做封网准备，此时甲 2 及时配合站位调整，向后场移动，与甲 1 形成前后站位，如图 3–29 所示。

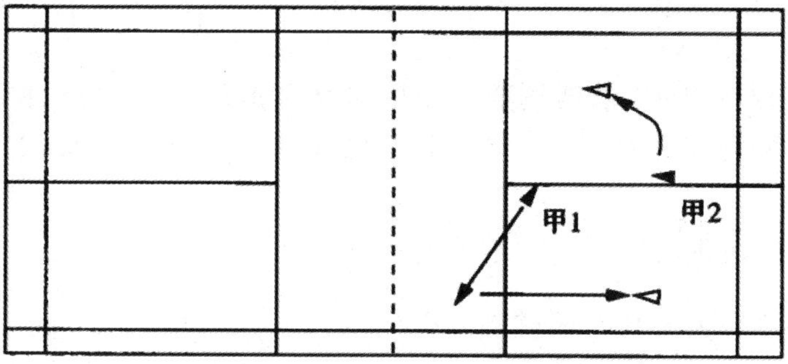

图 3-28　由前后站位变为平行站位

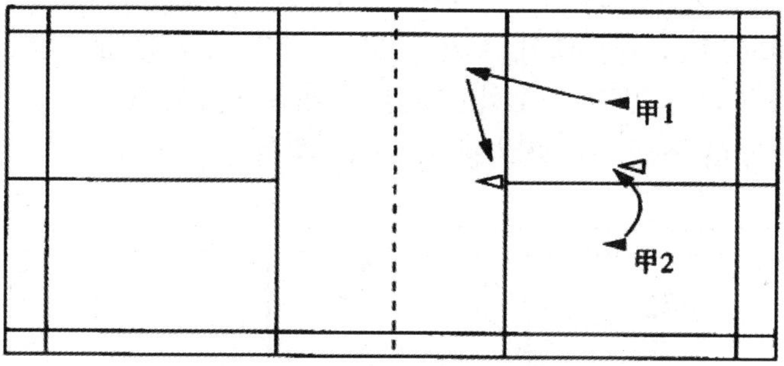

图 3-29　由平行站位变为前后站位

若甲 1 吊网前小球的弧度比较高，为应对对方的进攻，做好防守准备，吊球后立刻向前直线移动，依然与甲 2 成平行站位队形，队形变化如图 3-30 所示。

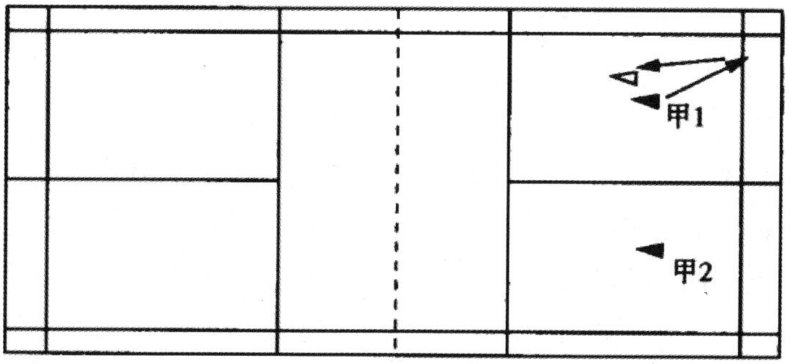

图 3-30　平行站位变为变形站位

（二）移动配合

羽毛球双打中，搭档按照一定的规律和原则灵活站位、协同配合。通过移动配合充分发挥本方的特长与优势，同时压制对方无法发挥自身特长优势。

下面分析羽毛球双打中常见的几种移动配合方式。

1. 我方吊网前球时的移动配合

（1）方法一

甲 1 站左场区 A 处，甲 2 在右场区 B 处，成为平行防守站位队形（图 3-31）。对方向左前场区 C 处吊球，甲 2 向 C 处上网移动，然后以网前直线吊球向对方右场区 D 处回击，再迅速向左场区前场位置 E 处后退，做封网准备。这时甲 1 从 A 处向后场 F 处移动，靠近中线。此时，甲 1 和甲 2 从防守的平行站位变为前后站位，准备组织进攻。

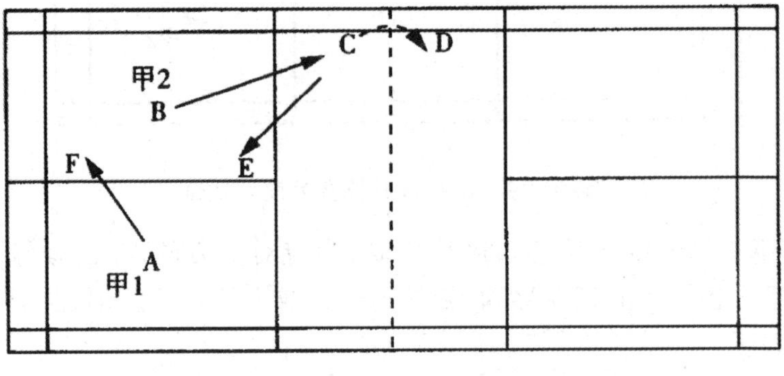

图 3-31 吊网前球时的移动配合一

（2）方法二

甲 1、甲 2 分别站在左、右场区的 A 处和 B 处，形成便于防守的平行站位队形（图 3-32）。对方向右前场区 C 处吊球后，甲 2 向 C 处移动上网，向对方左场区网前位置 D 处吊直线网前球，吊球后向右场区前场 E 处直线后退，做封网准备，与此同时甲 1 从左场区 A 处向后场中线附近 F 处移动。这时两人站位队形变成前后站位队形，便于组织进攻。

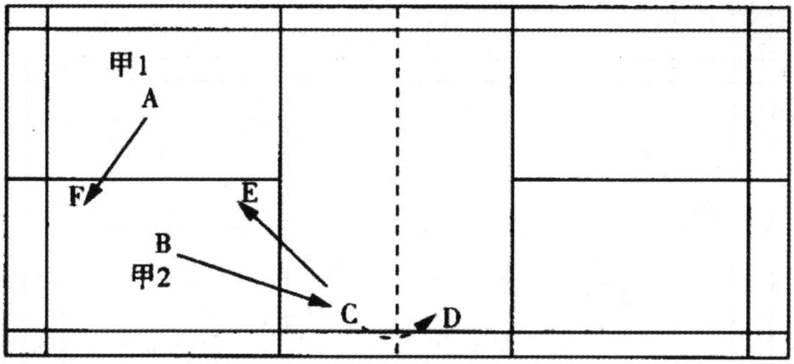

图 3-32　吊网前球时的移动配合二

2. 我方杀球时的移动配合

（1）方法一

甲 1、甲 2 在右场区 A、B 位置成前后站位，甲 1 在后场准备杀球，甲 2 在前场做封网准备（图 3-33）。若甲 1 向对方右场区 C 处杀球，对方向本方网前 D 处直线杀球回击，此时甲 2 无法封住网前球，只能向对方左场区底线 E 处挑球，挑球后立即向左场区 F 处后退，与此同时，甲 1 移动到右侧 G 处，此时甲 1 和甲 2 成平行防守站位。

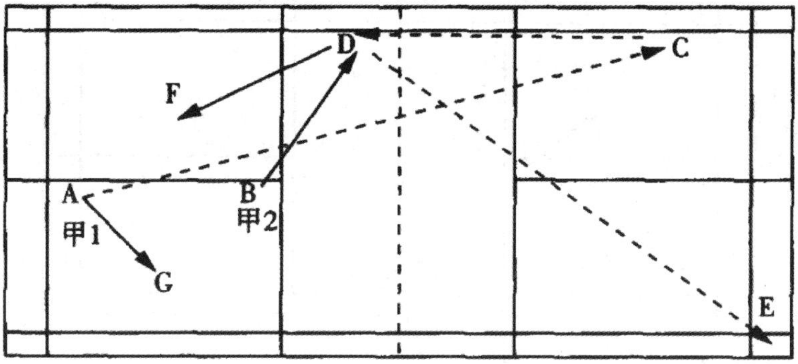

图 3-33　杀球时的移动配合一

（2）方法二

甲 1 在左后场区域 A 处杀球，甲 2 在左场区前场位置准备封网，二人成前后进攻站位（图 3-34），如果甲 1 向对方左场区 C 处杀球，对方向本方网前区域 D 处回球，甲 2 很难顺利封网，只能向对方右场区底线 E 处挑球，挑球后快速向右场区中间 F 位置后退，此时甲 1 向左前方移动到 G 处，与甲 2 形成平行防守站位。

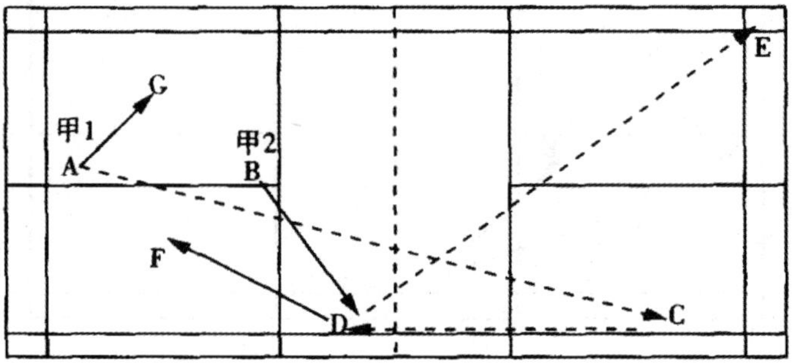

图 3-34　杀球时的移动配合二

3. 我方回击后场球时的移动配合

（1）方法一

甲 1 或甲 2 击高球后，分别站在左、右场区的 A 处和 B 处成平行防守队形（图 3-35）。若对方向 D 处打右后场高球，甲 2 立即移动到 D 处以直线或斜线杀球或吊球方式还击，此时甲 1 应移动到前场中间位置 C 处，准备封网，与甲 2 在后场的进攻相配合。

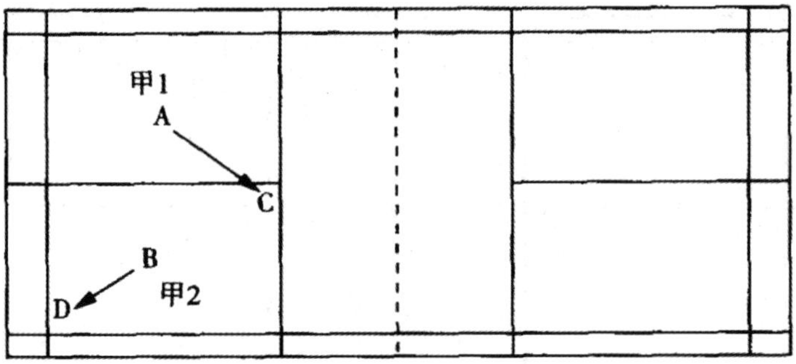

图 3-35　回击后场球时的移动配合一

（2）方法二

甲 1 或甲 2 以击高球的方式回球后，两人分别站在左场区 A 处和右场区 B 处，保持防守的分边平行站位（图 3-36），若方向本方左后场 D 处还击高球，甲 2 迅速移到 D 处完成直线杀球或斜线杀球，此时甲 1 移到前场中间位置 C 处，准备封网，并与甲 2 配合进攻。如果甲 2 回击后场高球，那么甲1、甲2的平行站位不变。

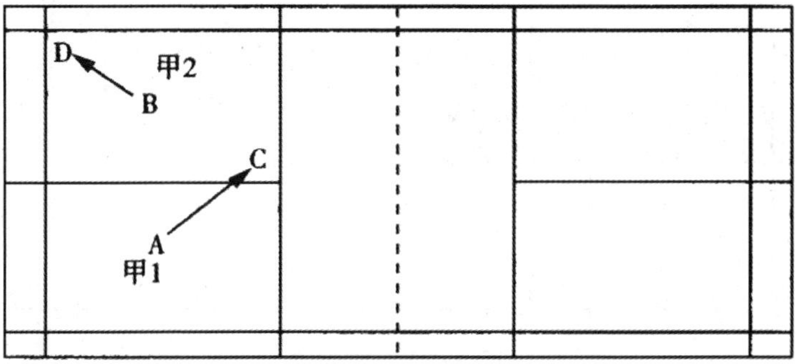

图3-36　回击后场球时的移动配合二

（三）攻人战术

如果对方二人技术能力有高有低，则在击球时，重点向能力较差的对手击，这就是攻人战术。采用这一战术有利于为本方争取进攻的好机会，掌握赛场上的主动权。但具体要以对方击球方向、路线和本方的实际能力为依据而定。

（四）前封后攻战术

进攻的两人中，后场攻击能力强的一人主要在后场进行进攻，网前进攻能力强的一人主要前场进攻，后场可连续采用杀球技术来进攻，对方如果将球回向本方前场，前场采用勾球、搓球、扑球、推球等技术来封网，或采用拦吊、点杀技术来对前场进行有效的控制。

（五）攻中路战术

当防守方采用分边平行站位时，进攻方尽量向对方平行站位的中间空当区域攻球（图3-37阴影部分），这样对方都有可能移到中场去接球，易发生碰撞，或谦让对方而错过球。该战术适合对付对方配合默契度不高的选手。

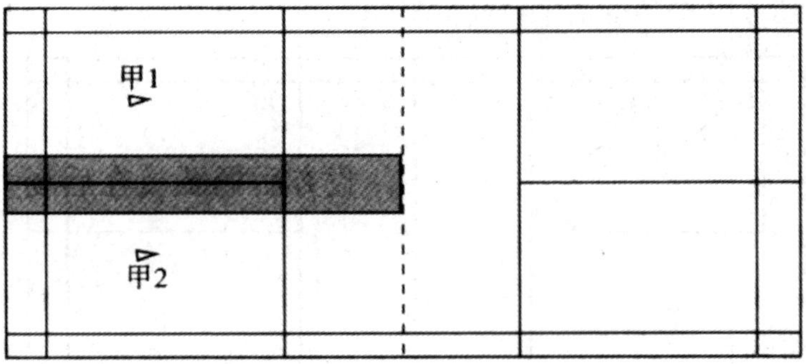

图 3-37　攻中路

攻中路战术中有一种攻半场方式。当对方以前后站位保持进攻状态时,我方可向两人前后间靠近边线的中场位置回击球(图 3-38 阴影部分),从而使对方出现像上面一样的情况,即抢接碰撞或漏接。

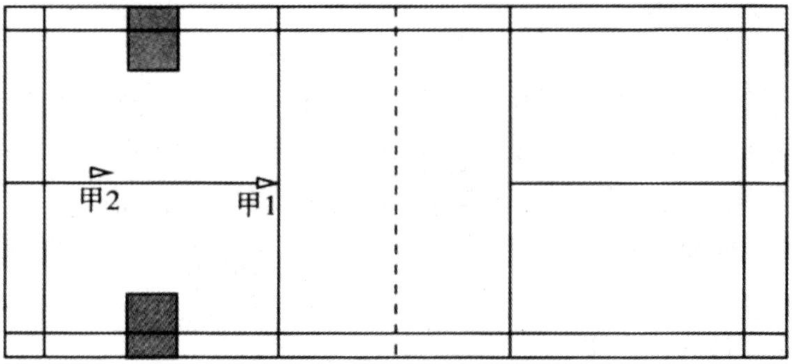

图 3-38　攻半场

(六)守中反攻战术

在对付后场进攻能力差的选手时,常采用守中反攻战术。该战术也具有消耗对方体力的重要作用。

下面介绍守中反攻战术的几种运用方式。

1. 压两底线伺机反抽

向对方两底线平推球或挑高球,对方杀球回击后,若回球质量差,如弧度不明显,速度不够快,则向对方底线处平抽球反击,路线一般为对方斜线、我方直线,对方直线、我方斜线,然后做好回击对方平抽球的准备，改变被动局面，创造对攻局面。若我方平抽球后，对方没有以同样的方式回击，而是向底线或网前回击，这时我方的站位队形要快速从左右平行防守站位变换为前后进攻站位，并向对方空当或弱点位置发起猛攻。

2. 挑或推两底线

若进攻方杀球，我方作为防守方向对方底线挑球，路线为对方杀直线球，我方挑斜线球，对方杀斜线球，我方挑直线球。若进攻方发吊球，我方则以相同的方式回击，以推为主、以挑为辅，使进攻方在底线两角来回移动，耗其体能，我方找机会转守为攻。

3. 接杀球或吊球放网前

防守时不断向对方底线两角回击，使对方网前队员放松警惕，封网意识松懈，伺机向对方网前杀球或吊球，并立即封网，从左右防守站位队形向前后进攻站位队形转换，积极发起进攻。

第五节　羽毛球趣味健身方法

羽毛球健身有许多非常有趣且有效的游戏锻炼方法，有针对身体素质设计的游戏，也有针对不同步法和击球技术设计的游戏，大学生参与这些游戏，对提高球感和羽毛球运动能力十分有效。游戏锻炼方法一般而言对各个水平的大学生都是适用的，因为游戏练习最大的特点是具有很强的趣味性，可以使运动过程变得更轻松，特别是多人游戏练习，可以弥补单一健身方式的枯燥乏味，使大学生的技术在不知不觉中得到提升。游戏训练也常常被运用到高水平运动员的专业训练中，他们往往会在高强度训练的间隙或者休息时间进行训练，既可以调节紧张的神经，又可以放松心理和身体，起到很好的过渡和缓冲的作用。

下面具体分析几种适合大学生参与的羽毛球游戏。

一、"喊号接球"游戏

"喊号接球"是针对羽毛球步法技巧的游戏练习方法,可以很好地帮助大学生提高步法的灵活性和稳定性。传统的步法练习相对枯燥,导致步法练习效果始终难以有质的突破。大学生练习羽毛球步法常常以跑步为主,以提高速度和耐力,但是缺乏对步法的针对性练习。而趣味游戏练习恰恰弥补了这一缺憾,成为羽毛球步法练习的新渠道和新途径。"喊号接球"这一针对羽毛球步法练习开发的新游戏的应用使传统步法练习方式得到创新,并带给大学生轻松愉快的步法练习体验。

该游戏适合集体进行,不适合个人或者人数较少的情况。首先,将大学生分组,每 10 人 1 组,每组 1 只羽毛球,每人 1 只球拍。发球者站在小组成员的对面,并通过大声喊号的方式开展游戏,如 1 ~ 10 号,被叫号学生直接上前接球并进行击打,这可以锻炼学生的步法控制能力和快速反应能力。被喊到号码但未成功接球的学生视为失败。整个练习过程中由于发球的方向不一,可以对学生垫步、交叉步、跨步等不同步法的练习起到良好的作用。

二、"易拉罐投球"游戏

羽毛球运动对参与者定点击球能力的要求比较高,大学生如果能够对球的落地有精准的掌控,那么在业余比赛中就容易取得优势。比如,通过精准控球,让球落在对方完全无法接到但又恰好在线内的位置,从而获得主动权。

"易拉罐投球"是一种定点投球的游戏方式。易拉罐只是一个形象的说法,刚开始练习时,可以选择一个口径大于易拉罐直径的容器,比如小桶或者大点的瓶子等,容器大小以能够容纳 10 个左右的羽毛球为宜。练习时,选择一个较宽敞的空间,在距离容器五米处画一条线,大学生站在线后,用球拍将球依次击入容器内,且不能打翻容器。

三、封网对墙壁击球游戏

大学生站于墙壁正前方的 1.5 米处,练习用封网动作连续向墙壁击球。该游戏的难点是一开始练习时,往往接不到球,因为球的反弹速度大于挥臂速度。游戏过程中大学生的手臂几乎要一直保持高举状态，主要用手腕和手指的力度击球，用心体会小臂、手腕和手指的快速配合发力感。此外还要注意缩小手臂的摆弧。

四、两人坐地挑球游戏

两人坐在地上，相距5米左右，用正、反手做来回挑球练习，尽量保持球不落地。这是一种培养手感和球感的游戏，无须步法和腿的配合，要求大学生专注于对小臂和手腕接球和击球力度与速度的观察与体会。这一练习也可以在较大强度运动锻炼的间歇时间进行，或者作为锻炼后的放松活动，通过游戏，可以使紧张的神经恢复松弛。

五、三人传球游戏

三人围成一个直径约为6米的圆，每人手持一支羽毛球拍，其中一人持球，将球传给右手边的同伴，接球者要用反手接球，然后再传给另一名同伴，该同伴可以根据情况选择正手或者反手接球，再传回给第一名同学。循环往复练习，在接对方的来球时，球拍应先后仰缓冲，尽量使来球稳稳地停留在自己的球拍上，然后再让球下落，并顺势还击给对方。

三人传球游戏既增加了游戏难度，也增加了游戏的趣味性，多人参与游戏比独自锻炼更能激发大学生的兴奋度，使其在游戏中更加投入，对提高其接传球能力有明显作用。

六、四人传抢游戏

4人各持一支球拍，其中3人在一个直径2米的圆圈内站成等边三角形。球在围成等边三角形的3人之间来回不停地传接。第四人站在圆圈中心用球拍拦截从他头顶经过的传球，但不能跳跃拦球。三名传接球的学生需要尽量高传球，以避免被拦截。在此过程中，传接球者必须直接击回来球，尽量不要让球落地，接球失败或发球被圆圈中心同学拦截住，那么交换位置重新开始游戏。

第六节　羽毛球健身的饮食营养与损伤处理

一、羽毛球健身的饮食营养

（一）羽毛球运动饮食营养的要点

（1）运动者参加羽毛球运动，其机体能量来源主要依靠磷酸原和糖酵解系统供能，因此糖类物质非常重要，应该保证优质、丰富、好吸收。蛋白质应选用优质蛋白，特别是优良的乳制品、动物蛋白，它们对运动员的肌肉生长、组织修复以及参与能量代谢的有关酶的生成非常重要。

（2）三大能源物质的比例应符合羽毛球运动的供能特点。日常的膳食中三大营养物质的比例应该做到糖55%，脂肪25%，蛋白质20%。

（3）新鲜蔬菜与水果必不可少。充沛的碱性物质可以缓冲运动后酸性代谢产物，缓解疲劳，加快恢复。

（4）除了以上主要的营养物质以外，膳食中注意要含有丰富的B族维生素、维生素C，以及钙、铁、钾、镁等富含矿物质的食物。

（5）对于经常参加羽毛球运动训练的人而言，每餐都要严格按照一定的营养配比和热量需求进餐，以确保各类营养物质的消化和吸收，保证运动训练或比赛的顺利进行。

（二）不同环境下羽毛球运动的营养消耗与补充

在不同环境下参加羽毛球运动有助于提升运动者应对复杂环境的能力，因此变换环境练习得到了广泛的利用。需要注意的是，羽毛球运动常常因为环境的变化而对营养消耗产生明显的影响。比如在寒冷或炎热环境下运动，运动者的机体代谢和功能反应会呈现不同的特点。因此，在特殊环境下的运动锻炼，除了要遵循一般的饮食营养原则之外，还应该考虑特殊环境给机体带来的影响，根据具体实际合理调整营养方案。

1. 炎热环境下进行羽毛球运动的营养消耗

在炎热环境下进行运动锻炼是磨炼意志和促进运动水平提升的重要手段。由于环境温度骤然升高，运动者热能代谢率随之增加，排汗量更是大幅增加，体内的微量元素如钾、钠等和维生素都不同程度地快速流失。同时，高温环境令运动者的食物中枢兴奋降低，唾液、胃液及胰液等消化液的分泌量也减少，也就是食欲降低，可能会影响运动者的进食和营养摄取。这时候适宜食用一些清淡可口、容易消化的食物，否则就容易给机体带来负担。

在炎热的天气条件下，人们的食欲会在一定程度上下降，但进行运动锻炼仍然需要足够的能量供给，特别是糖类、蛋白质类、维生素和矿物质等营养素的补充非常重要。

在炎热环境下参加羽毛球运动，运动者的排汗量明显增大，比常规环境下的排汗多出近 1/3 ~ 1/2，伴随的现象是体重明显减轻。因此，运动员在炎热环境下参加羽毛球运动一定要及时补充水分，不要在感觉口渴时再补水，补水要少量多次。

2. 寒冷环境下进行羽毛球运动的营养消耗

在寒冷环境下，人体散热加快，基础代谢率增加，热能消耗变大，身体对糖的消耗明显增加。此时膳食中热源物质的量应有所增加，可适当增加肉、蛋、奶类的比例，以保持能量平衡。运动者对维生素 C、B 族、维生素 E 等的消耗和需求也有所增加，这时为了满足机体参与运动时对能量的需求，需要适当增加这些营养素的补充。

（三）羽毛球健身中营养素的补充

1. 糖的补充

大学生在羽毛球运动中要加强营养补充，这是非常重要的。首先应该保证糖的补充。通过一定的营养策略增加肌糖原的储备是延缓运动性疲劳、维持运动能力的最直接的有效手段，甚至还可以有效预防和改善情绪状态。但是注意要根据体重、活跃肌肉的体积、运动负荷来确定具体的摄入量。

大学生要想保持最佳运动状态，就要在饮食上注意，每天可通过摄入适量的糖来提高内源性糖原储备。为了保持良好的运动状态，在运动中可以间断性地补充碳水化合物电解质溶液，同时加入咖啡因以提高运动表现。加入咖啡因主要是因为，它能通过调节中枢多巴胺信号通路来强化运动动机，也可延缓运动疲劳。大学生在运动之后，糖原已经大量耗竭，如需快速恢复，就需要摄入适量的碳水化合物以满足机体需要。

2. 蛋白质的补充

大学生参加长时间的羽毛球健身后，会消耗大量的能量，尤其是会造成肌细胞损伤和蛋白质分解，因此需要在运动间歇及运动后及时修复和更新。这时需要适量地补充蛋白质以修复损伤及增加肌肉蛋白合成，同时促进糖原恢复、缓解肌肉酸痛。

需要注意的是，并不是蛋白质摄入越多越好，蛋白质的摄入量要适宜，因为摄入过多的蛋白易导致内环境酸化，加重肝脏与肾脏的负担，从而引起疲劳感。大学生应根据运动强度、运动量、总能量摄入确定具体的蛋白质补充量，但是注意应该保证补充优质蛋白。蛋白质的吸收与合成利用受时间因素的影响。一般来说，在运动后 3 小时内肌蛋白的合成达到峰值。所以在运动结束后除了补充糖之外，蛋白质也应该及时补充。

3. 脂肪的补充

脂肪这一营养素在人体发展中也扮演着十分重要的角色。机体的有效供能可以节约运动中机体糖原的消耗，从而起到增强体能、延缓运动疲劳出现的作用。但是同时应该注意控制脂肪的摄入量，过多的脂肪又会增加代谢氧耗，增加体脂和体重，制约肌肉运动能力，从而影响运动能力。

4. 维生素的补充

维生素可以调节机体生理生化过程、参与能量代谢。比如 B 族维生素可参与能量代谢和肌肉的修复和生长。大学生参加羽毛球运动锻炼时，对 B 族维生素的需求比非运动时期多，因此要适当多补充。维生素

D 可以提高机体快肌纤维的数量和直径，提高肌肉力量、平衡能力和反应时间，因此也要注意加以补充。

5. 钙、铁的补充

钙是参与肌肉收缩、神经调节的重要营养物质，它可以保障健康的骨密度和避免骨折的风险。大学生应每日补充钙与维生素 D 来保护骨骼健康，并提高运动中神经肌肉的兴奋程度。

铁是人体必需的矿物质，是血红蛋白和肌红蛋白合成的必需元素。如果铁补充不及时，一方面体现在血红蛋白和肌红蛋白的合成减少，从而导致组织细胞摄氧量减少。另一方面还会导致线粒体呼吸链的成分活性降低，影响 ATP 的生成，从而影响运动时的速度、耐力和最终运动效果。因此，在运动中和运动后都应该保证一定量的铁的补充，有效降低乳酸浓度，促进体能的恢复。

6. 电解质的补充

长时间的健身锻炼会消耗机体大量的水分，因此一定要及时补充电解质。如果补水不及时，容易造成肌肉痉挛、力量和耐力减弱的现象。体液流失增加时，人体运动能力会明显下降。但如果补水过多也不可以，会增加肠胃负担、心脏负担，从而降低运动能力。

电解质的补充对体能的维持以及延缓疲劳十分重要，可以通过长期跟踪运动前后体重的对比，制定个性化补水方案。在运动前和运动中饮用一定量的运动饮料，可以起到维持机体电解质平衡、提升运动表现的作用。一般在运动期间，建议每 15 ~ 20 分钟就饮用一次运动饮料，但也要因人而异，合理补充。

（四）羽毛球运动营养补充的注意事项

大学生在羽毛球健身锻炼中除了按照运动计划进行锻炼外，还要注意营养的摄入，这是保证运动锻炼顺利进行的重要因素之一。大学生要了解和掌握基本运动营养知识，培养营养观念，通过合理饮食与运动补剂，提升体能素质和运动效果。

大学生运动营养补充要注意以下几点。

1. 注意营养补充的多样性

人体所需的营养物质种类较多，保持营养的多样性摄入是第一原则。机体活动需要多种物质的参与，即使是以减脂为目的，如果采取零脂肪、零碳水的饮食计划，长期如此势必会对健康造成伤害。因此，营养健康的首要原则就是要保证营养摄入的多样性，只有在营养供应充足的前提下，机体才能发挥出最大效能，为运动健身提供最佳基础保障。

2. 针对性地补充营养

大学生在运动期间补充营养需要有针对性地建构营养比例，根据羽毛球运动的营养消耗特点、具体运动内容和目标来制定营养方案，有针对性地安排各项营养补充的基本比例。

3. 坚持长期营养补充，不能半途而废

补充营养不是一次两次就可以完成的，它是一个长期的积累过程，机体需要经历一个充分吸收、转化、生长、适应、加强和稳定的生理过程，才能提高健康水平和运动效果。营养的摄入要有计划性和持续性，要长期坚持才能有明显效果。随意性饮食方式不利于提高健康水平和运动能力。

4. 注重各种营养素的合理搭配

摄入食物是为了给机体提供营养物质，这些营养物质在体内经过复杂的协同作用为人体提供能量，使人体得以完成生命活动。我们经常听到这样的宣传：某种食物可以增肌，或者某种食物可以减脂。这些都是不够准确的说法，因为无论是增肌还是减脂，都需要综合其他食物一起考虑，单独凭某一种食物或者不合理的搭配都不可能带来理想的效果。因此，营养摄入要注意科学、合理搭配。比如，蛋白质是肌肉合成的重要营养物质，但是只有蛋白质还不行，还需要维生素 C 以及其他的微量元素共同参与才可以发挥作用。所以，大学生参加羽毛球健身运动，在营养摄入方面要具有一定的搭配意识，这样才能取得理想的营养补充效果。

5. 饮食要规律,符合实际

不规律的饮食不仅会让身体的消化吸收能力降低,还会影响每日的运动和睡眠,长久下去必然会对身体健康产生不良影响,这势必又会影响大学生正常参加羽毛球运动。因此大学生日常饮食一定要健康、规律,要根据自己的实际情况、运动需要补充营养。

6. 营养补剂不是万能的

运动补充剂并不是万能的,这一点我们要客观对待。相关研究与实践表明,运动补充剂对人体有非常好的功效,但是作为某种营养的加强补充,运动补充剂是否适合长期使用还存在争议,目前也没有明确的科学定论。因此,我们应该对运动补充剂持客观理性的态度,补充要合理、要符合具体实际,切忌盲目补充。对课余时间参加羽毛球健身运动的大学生来说,一般不需要补充这类营养,主要补充基本营养素就可以了。但对大学生羽毛球运动员而言,必要时需适当加以补充。

二、羽毛球健身中运动损伤的预防与处理

任何运动都存在一定的风险性,要想完全避免几乎不可能。大学生参加羽毛球运动,有时会因为准备不充分、心理紧张、体能较差、技术不规范、场地不平坦等原因而出现运动损伤,从而危害身体健康,影响正常的学习和生活。因此,大学生需要掌握一些手段和措施预防运动损伤,将运动损伤发生的概率降到最低。

(一)运动损伤预防原则

1. 树立安全意识原则

大学生参加羽毛球运动锻炼,一定要提升自己的安全意识,具体就是提升预防运动损伤的意识。在高校羽毛球教学中也要加强预防运动损伤的教育工作,让大学生充分意识到自我保护和预防运动损伤的重要性。除此之外,还要加强运动防护技能的培养,提高学生的自我保护能力。大学生只有掌握了科学的运动防护技能才能在具体运动过程中有

效预防运动损伤。

2. 合理负荷原则

大学生参加羽毛球运动要注意安排合理的运动负荷，合理的运动负荷能极大地降低运动损伤发生的概率，确保运动安全。如果运动负荷过大就容易导致运动损伤。但是，大学生也不能为了不受伤而一直采用小负荷练习方式，这不利于良好健身效果的获得。大学生应根据自己的实际情况和运动目的而循序渐进增加运动负荷，但要在自己能够承受的范围内调整负荷。

3. 全面加强原则

全面加强主要是指促进身体素质的全面发展。大学生在羽毛球运动中有时会发生运动损伤，这主要是因为身体素质较弱。因此，全面提升身体素质是预防运动损伤的重要原则和方法。在羽毛球健身运动中，要将基础体能锻炼贯穿其中，将其作为热身部分的重要练习内容。

4. 严格医务监督原则

医务监督是预防运动损伤的重要手段。必要的医务监督有助于大学生及时发现身体不适状况，实现早发现、早处理的目的。除此之外，还要注意检查运动场地与器材，防患于未然。

（二）运动损伤预防措施

采取一定的预防措施能有效降低运动损伤发生的概率，大学生在参加羽毛球运动时可以采取以下预防损伤的措施和手段。

1. 调整好身心状态

大学生在正式进行运动健身前，因为个人身体状态、情绪、运动水平、已有经验以及精神状态等因素的影响，身体机能和心理素质会发生生理变化和心理变化。越临近正式运动，变化就越显著。运动前的这种身体和心理上的变化统称为运动前状态。实践证明，运动前状态会影响正式运动的过程及运动锻炼的效果，这种影响既有积极的影响，也有消极的影响。需要注意的是，运动前不管神经系统兴奋性很高还是很低，都不利于后面的运动锻炼，都会制约运动效果。例如，当兴奋性很低时，常见表现是兴趣低下，情绪不高，态度冷淡，这样运动能力也会下降；兴奋性很高时，常见表现是紧张到失眠，心情急躁，影响食欲，这样必然对运动中的发挥不利。运动前不管是过度兴奋，还是兴奋度极低，都和心理因素的影响有关，为了防止不良心理影响大脑神经状态，进而影响运动中的安全及运动后的效果，大学生应在运动前调整身心状态，如果出现失眠、明显疲劳、感冒、肠胃病等不适症状，或者精神或心理受到严重刺激，要及时解决和处理身心问题。在身体和心理恢复初期，宜选择强度较小的练习内容，随着身体和心理状态的进一步调整与逐渐恢复，再逐渐增加运动强度，渐渐提高锻炼效果。

2. 加强力量锻炼

力量素质是其他各项体能素质的基础，具有非常重要的作用。羽毛球运动对参与者的爆发力、协调力有一定的要求，大学生如果拥有良好的爆发力、协调力，那么在运动锻炼中对运动损伤的预防具有非常大的帮助。在隔网对抗的羽毛球运动中，身体力量占优的一方发生损伤的概率相对低一些。由此可见，大学生在平时健身中一定要高度重视力量锻炼。

3. 注意体格检查

在有组织性的羽毛球健身活动中，指导员要注重对学生的体格检查，从而充分了解学生的身体状况，制定出科学合理的运动方案，这样才能有效预防和避免运动损伤。

4. 维护良好的运动环境

大学生参加羽毛球运动需要在一个良好的环境下进行，这对于预防运动损伤也具有重要意义。因此，在平时运动健身中，大学生要关注羽毛球馆或操场的卫生及其他环境问题，防患于未然。

5. 重视热身准备

在健身前做好充分的准备活动，可以有效预防运动损伤，还能延迟疲劳出现的时间，并促进运动效果的提升。热身准备活动具体由下列几个部分组成。

（1）一般性准备活动

活动内容包括跳绳、慢跑等，时间为 10 分钟左右，通过简单热身，使身体预热，微微出汗。

（2）伸展练习

身体主要肌肉群做静态性伸展练习和被动伸展练习，时间大约 10 分钟。

（3）动态伸展

做原地伸展练习和移动中伸展练习，时间大约 10 分钟。

6. 运动后注意拉伸与放松

运动后做一些拉伸与放松练习，主要是为了消除疲劳，促进身心机能恢复正常水平，并预防在下次运动中受伤。拉伸练习属于柔韧性练习，通过牵拉肌肉，不仅能改善肌肉的弹性和灵敏性，还能使运动感受器更加敏感，促进运动感知觉能力的提升，进而促进应激能力的改善。下面简单介绍不同部位的拉伸方式。

（1）颈部拉伸

①在椅子上坐好，背挺直，后脑勺、耳朵、肩膀位于一条垂直线上。

②一只手臂向斜前方伸展抓住异侧椅子前端。

③头轻轻地向左侧倾斜，还原并向右侧倾斜。

④持续练习 1 分钟。

⑤另一只手臂向斜前方伸展抓住椅子另一侧的前端，并按上述方法练习 1 分钟。

两侧交替练习。

（2）肩部拉伸

①侧对门框，两脚开立。

②伸展右臂，与腰齐高。

③右前臂转动至手指将门框边缘抓住。

④向左转体，持续拉伸 1 分钟。

⑤慢慢还原、放松。

⑥身体左侧侧对门框，伸展左臂，按上述方法练习。

两侧交替练习。

（3）背部拉伸

上背部拉伸：

①在椅子上坐好,身体放松。

②一只手臂经体前搭在异侧肩上,另一侧手臂体前屈拉搭肩手臂的肘部,持续拉伸1分钟。

③换另一只手臂搭在异侧肩膀上,按上述方法练习,同样持续拉伸1分钟。

后背中部拉伸:

①坐在垫子上,上体挺直,一腿贴地伸直,一腿屈膝交叉在伸直腿外侧。

②与伸直腿同侧手臂的肘放在屈膝腿膝盖上,另一侧手伸展支撑于地面。

③放在屈膝腿膝盖处的肘用力推屈膝腿,使上肢与屈膝腿分开一定距离,上体顺势向一侧扭转,持续拉伸1分钟。

④另一条腿屈膝,向另一侧扭转拉伸,方法同上。

下背部拉伸:

①在垫子上仰卧,头在枕头上。

②两腿向同一侧屈膝上抬靠近胸部,直至大小腿垂直。

③肩膀始终在地面上固定不动,保持拉伸姿势1分钟。

④两腿伸展放松,再次屈膝向另一侧拉伸。

以上练习两侧交替进行。

(4)大腿拉伸

大腿前侧拉伸:

①两脚开立,一侧腿屈膝下跪,保持膝关节弯曲90°,另一侧腿屈膝至大腿平行地面,保持骨盆与髋处于平直状态。

②身体下压,前腿膝关节角度不变,髋关节异侧腿有明显的拉伸感。

③持续拉伸1分钟。

④下跪腿屈膝,大腿平行地面,另一侧腿屈膝跪地,膝关节弯曲约90度,然后按同样的方法练习。

大腿后侧拉伸:

①在垫子上仰卧,将枕头垫在头下,整个身体面向一道门。

②臀部完全在地上。

③一条腿举起放在墙上,充分拉伸,但不必一定要伸直,伸展到最大限度即可。

④另一腿伸向门柱,若有不适感,可将一个枕头或其他软物垫在膝

关节下。

⑤持续拉伸 1 分钟。

⑥伸向门柱的腿蹬墙，蹬墙腿伸向门柱，继续按上述方法练习。

大腿中部拉伸：

①背对着墙坐在垫子上，两脚外侧着地，脚底并在一起，双膝向下压，但不要勉强，使腹股沟部位有明显的拉伸感。

②背部保持挺直状态，不要塌腰。

③持续拉伸 1 分钟，然后放松 1 分钟。

大腿侧面拉伸：

①在垫子上仰卧，将枕头垫在头下。

②分开两腿，臀、盆骨完全着地。

③一条腿屈膝抬起，膝关节向腹部靠近，脚落在另一侧腿膝关节上方。

④抬起腿向异侧移动直至与身体基本垂直，臀部不离地。

⑤屈膝腿异侧手放在屈膝腿膝盖处轻轻拉伸，注意不能用蛮力强迫拉伸。

⑥持续 1 分钟，换另一侧腿按上述方法继续练习。

以上练习两腿交替重复练习。

（5）小腿拉伸

小腿前侧拉伸：

①在椅子上坐好，一腿屈膝抬起放在支撑腿大腿上，脚踝位于支撑腿的膝盖外缘。

②支撑腿同侧手将屈膝腿脚尖外侧抓住，向同侧拉，使小腿有明显的拉伸感。

③持续拉伸 1 分钟。

④屈膝腿落地成为支撑腿，之前的支撑腿屈膝抬起放在另一侧腿的大腿上，按上述同样的方法进行练习，同样持续拉伸 1 分钟。

小腿后侧拉伸：

①在椅子上坐好，两脚分开。

②将 8 ~ 12 厘米厚的书放在脚的正前方。

③左脚的脚掌踏在书上。

④轻微拉伸小腿部位。

⑤持续 1 分钟。

⑥左脚落地，右脚脚掌放在书上，脚跟着地，轻微拉伸右腿小腿部位。

以上练习两侧交替进行。

（6）臀部拉伸

①在垫子上仰卧，整个身体面向墙，将枕头垫在头下。

②两脚分开，右侧腿抬起置于墙上，并屈膝至大小腿垂直。左侧腿举起放在右腿上，膝、踝关节超过右侧腿的膝盖。

③髋和骨盆始终在地上。体会臀部左侧的拉伸感。

④持续1分钟。

⑤抬起放在墙上，右腿举起放在左腿上，按上述方法重复练习。

两腿交替练习。

（三）羽毛球运动损伤的处理

1. 半月板损伤

（1）损伤原因

半月板在股骨髁和胫骨平台之间，是膝关节重要的静力性稳定装置之一。当膝关节突然做伸屈运动，同时又受到扭转力（如脚和小腿外旋外展、大腿内旋内收、膝内扣）的作用时，半月板则处于不协调的运动之中，受到上下两骨的挤压、研磨以及捻转，从而造成内、外半月板的撕裂伤。

（2）应急处理

膝盖半月板损伤很难立即做出诊断。进行现场急救时，方法为用氯乙烷麻醉伤处及周围，局部物理降温，用弹力绷带采用压迫包扎法将伤处包扎好，制动，伤肢抬高，再进行冷敷降温处理。

2. 踝关节韧带损伤

（1）损伤原因

参加羽毛球运动，膝部受伤的概率较高，踝部受伤概率次于膝部。常见踝部损伤中，比较常见和突出的是踝关节外侧韧带损伤。在羽毛球运动中来回移动击球，若不小心身体失去平衡时容易摔倒，从而出现踝关节内旋、足跖屈内翻位，导致踝关节韧带损伤，主要症状表现为踝关节外侧剧烈疼痛，明显肿胀，无法直立行走。

（2）应急处理

首先，对受伤部位进行降温、加压包扎，防止出血，缓解肿胀，预防后期外踝结缔组织过度增生，同时对后续康复治疗也有积极作用。要注意足外侧是压迫包扎中8字形交叉点所在的位置，这能够对踝关节内翻起到积极的预防作用。

其次，使用钢丝托板固定患肢，使受伤的脚保持稍外翻、跖伸位，从而预防继续出血。

再次，将患肢抬高，调节血液循环，以防伤处严重肿胀。

最后，进行局部降温，如用冰袋冷敷患处。

3. 肘关节脱位

（1）损伤原因

在羽毛球运动中，若不小心倒地后前臂下意识地外旋、外展、向后支撑，容易导致肘关节脱位，发生率最高的是后脱位。症状主要是患处疼痛，关节出现畸形，肘部无法正常活动。

（2）应急处理

按RICE原则进行急救处理，基本步骤为：

R-rest：制动休息。

I-ice：冷敷。

C-compression：固定加压包扎。

E-elevation：患肢抬高，活血化瘀。

建议用托板固定受伤肢体，用三角巾将伤肢挂在胸前，继续局部冷敷。

4. 急性腰扭伤

（1）损伤原因

急性腰扭伤常因腰部动作不正确或腰部伸屈伴扭转动作不协调，加之腰背肌力不足而导致。常见症状有局部肿胀，伴有压痛。

（2）应急处理

未确诊具体损伤部位和类型前，切忌盲目治疗，先让伤者平（俯）卧休息，局部冷敷，然后送医治疗。

第四章

高校羽毛球全面训练指导

羽毛球训练是高校课外羽毛球活动的重要形式之一，也是高校羽毛球运动队提高运动水平和比赛成绩的重要手段。高校羽毛球训练应在遵循基本原理的基础上，采用科学有效、丰富多样的训练方法进行体能、心理、技战术等全方位训练，并在整个训练过程中注重监督与管理，加强改革与创新，从而不断提高训练水平，提升羽毛球运动员的竞技能力，使其在羽毛球竞赛中取得优异的成绩。本章主要对高校羽毛球全面训练指导进行研究，主要内容包括高校羽毛球运动训练的原理与方法；大学生羽毛球运动员竞技能力的特征与提升；大学生羽毛球运动员体能与心理、技术与战术的训练等。

第一节　高校羽毛球运动训练的原理与方法

一、训练原理

（一）边际效应原理

“边际”指的是事物在时空维度上的界限或边缘，它体现的是数量概念。“效应”指的是心理满足程度，它反映的是心理感情强度。“效应”随“边际”的变化而变化，即心理感情强度随数量的变化而变化，日常生活中我们占有某一事物的数量不断增加，心理对该事物的需求欲望就会下降，这反映了一种边际效应递减的现象。

1. 羽毛球训练边际效应的规律

边际效应体现了人的主观感受的变化，具体来说，是个体对某一事物预期的感情强度的变化。人对某一事物有了预期后，越临近预期的效果，这种感情就越激烈，感情强度随所期待的事件的变化而变化。

边际效应具有以下几个规律和特征。

（1）时间性

边际效应的时间性主要指的是效应的渐渐衰退，可以解释为组织内部的效能随时间的延续及整体的不断磨合而发生衰退性变化。大学生如果长期采用单一的方法进行羽毛球训练，那么该训练方法所带来的训练效果会越来越不明显，大学生运动水平也提高得越来越慢。

（2）空间性

如果以过于统一或习以为常的方式开展羽毛球训练工作，那么大学生竞技能力的提升空间就很小，或者竞技能力的变化幅度小，体现不出弹性化发展的效应，这时如果要取得新的突破，增加弹性空间，就要重新组合竞技能力结构。

（3）组合性

广袤的空间与绵延不绝的时间在组合上有各种各样的可能性。在羽毛球训练中，一般性的训练方法很容易受到关注和重视，而最终结果即训练的边际效应却经常被忽视。

2. 提高羽毛球训练边际效应的对策

（1）变化训练环境

在羽毛球训练中，对训练场地设施可适当调整，使大学生对外界环境的适应能力不断提升。环境的变化可以产生很多的刺激源，从而激发大学生的潜力，使大学生机体生物环境也发生相应的积极性变化，这有助于提升训练的边际效应。

（2）变化训练方法

一种固定的训练方法对人体的刺激是一定的，长期在同一种方法的刺激下，大学生的应激能力也会保持一定的水平而不会发生明显变化，如果继续施加这种刺激，就会降低机体的边际效应，只有不断变化与调整训练方法，使用新的方法进行训练，才能进一步提高大学生的应激能力，提高羽毛球训练的边际效应。

（3）训练手段的多种组合

以科学有效的方式将各种不同的训练手段组合起来，不断创造新的组合训练方式，使大学生在不断的新刺激中提高应激能力，从而提高训练刺激对其体能及技能发展的边际效应。

（二）叠加代偿原理

通常情况下，一项体育运动的技能动作和体能动作相比更为复杂，技能动作中技术动作和战术动作相比，后者更复杂一些。体能、技术、战术是密切联系的，体能是技能的基础，技术又是战术的基础，运动员对技能动作的掌握与运用是建立在良好体能基础上的。技能中的战术配合是以技术为基础的。如果运动员缺乏良好的体能素质，那么很难在技能训练中有理想的表现和成绩。所以，在高校羽毛球运动训练中，在进行技战术训练之前必须做好体能训练，并在羽毛球技能训练的整个过程中适当穿插体能训练，增加大学生的体能储备，这符合运动训练的规律，又贴合运动技能发展规律。大学生在具备一定体能基础的前提下进行羽毛球技能训练，能够取得更好的训练效果。在羽毛球技能训练中，大学生的储备体能又具有代偿意义，意思是大学生技能水平较低，体能水平高，后者可以短暂性地弥补前者的不足，这就是羽毛球训练的叠加代偿原理。这一原理要求在羽毛球训练中将体能训练重视起来，使大学生储备充足的体能，以追求更好的技能训练效果。

大学生当然不可能在短暂的时间内完全完成体能的储备，而且体能训练也要结合羽毛球专项进行，与羽毛球技术联系起来进行训练才具有实际意义。大学生在羽毛球技术训练中有时会因为体能不佳而影响技术质量，这种情况下就要进一步增强体能，为高质量完成技能动作而打好基础。有时虽然储备了足够的体能，但技术训练依然达不到预期的效果，这个落差与羽毛球技术本身不断发展的趋势有关。大学生的体能训练和技能训练相互联系，相辅相成，二者之间应该达到一种动态的协调状态，即要求大学生结合羽毛球专项要求进行体能训练，通过体能训练提升羽毛球专项技能水平。

（三）体能易衰原理

在羽毛球训练中，丰富多变的技战术具有一定的激励性和趣味性，很多大学生参与羽毛球训练就是被技战术的特征所吸引的，激烈而有趣的训练能够满足他们的兴趣。虽然不同大学生因为个人情况及其他相关因素的影响导致训练强度不同，但大学生对技能训练的兴趣总比对体能训练的兴趣更浓厚。相对来说，羽毛球体能训练显得单调枯燥一些，所以对大学生没有产生很强的吸引力，大学生参与体能训练的积极性差一些。体能训练不仅不像技能训练那样丰富和有趣，而且训练效果不能持久维持，也就是说体能容易衰退和减弱，而技能形成后衰退速度慢一些。因此羽毛球训练中很多问题都集中在体能训练上，而体能训练出了问题必然会影响技能训练，影响大学生羽毛球综合能力的提升。同时从叠加代偿原理来看，体能易衰也会影响对技能不足的暂时性弥补。体能易衰原理和叠加代偿原理的启示意义相似，都是强调体能训练的基础性与重要性，同时也提醒教练员要设计丰富多彩的体能训练手段，使大学生对体能训练产生直接兴趣，减缓体能训练效果的减退速度，为技能训练提供良好的体能条件。

(四)超量恢复原理

1. 超量恢复现象

有关学者研究运动训练的超量恢复现象,最先是从动物活动实验着手的。动物活动中不同的活动量给机体带来不同的刺激,在不同的刺激作用下,动物体内肌糖原消耗与恢复的情况也有差异。实验结果表明,在一定刺激下机体能量消耗与恢复的过程如图 4-1 所示。

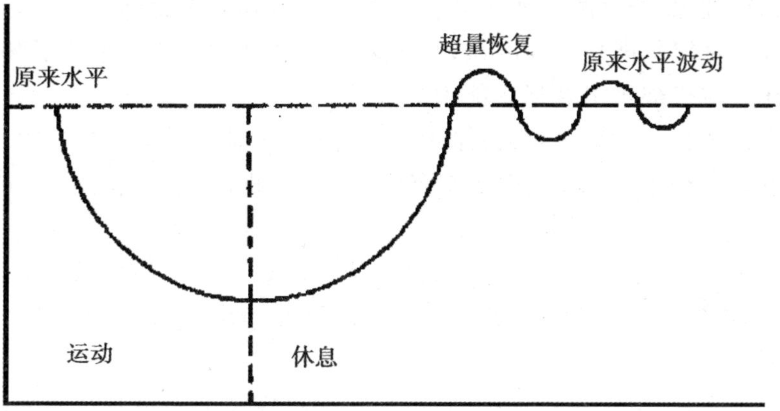

图 4-1 超量恢复现象①

上图显示了能量消耗与恢复的三个阶段。

阶段一:运动过程中机体能量大量消耗,虽然消耗的同时也在缓慢恢复,但消耗占主导,机体工作能力随能源物质的减少而降低。

阶段二:运动后机体能力消耗速度减慢,恢复占主导,机体工作能力随能源物质的增加而提升到原来水平。

阶段三:在超量恢复阶段,运动中消耗的能源物质不断增加,超过原有水平,机体工作能力也相应超过原来水平。超量恢复现象并不会一直都存在,过一段时间后这种现象便会消失,机体能源物质和工作能力依然和原有水平保持一致。

我们可以将超量恢复现象的特征总结为:运动过程中运动量和运动强度越大,消耗越多的能源物质,运动后延迟出现超量恢复现象,但

① 骆建.对运动训练中的超量恢复现象与超量恢复原理的审视[J].中国体育科技,2001(06):10-12.

程度很明显；运动过程中运动负荷小，消耗较少的能源物质，运动后较早出现超量恢复现象，但程度较弱。

2. 羽毛球训练中的超量恢复原理

（1）超量恢复原理的认识

在简单而直观的超量恢复现象的基础上，可以这样解释运动训练的超量恢复原理，即物质能量的储备超过原有水平，机体运动能力也超过原有水平。理论上而言，大学生在超量恢复阶段进行训练，能够达到很好的训练效果，身体机能水平和运动能力会得到显著提升。

基于对超量恢复原理的认识，我们从图 4–2 中能够直观地了解训练间歇和人体机能水平及运动能力的关系。

图 4–2（a）：第一次训练结束后，休息较长时间才开始第二次训练，即过了超量恢复期才进行新的训练，这时难以提高人体机能水平和运动能力。

图 4–2（b）：第一次训练结束后，休息较短时间就开始第二次训练，即还没有进入超量恢复期就开始新的训练，因为机体疲劳没有恢复好，所以训练效果并不理想。

图 4–2（c）：第一次训练结束后，在超量恢复期开始新的训练，明显提高了人体机能水平和运动能力。

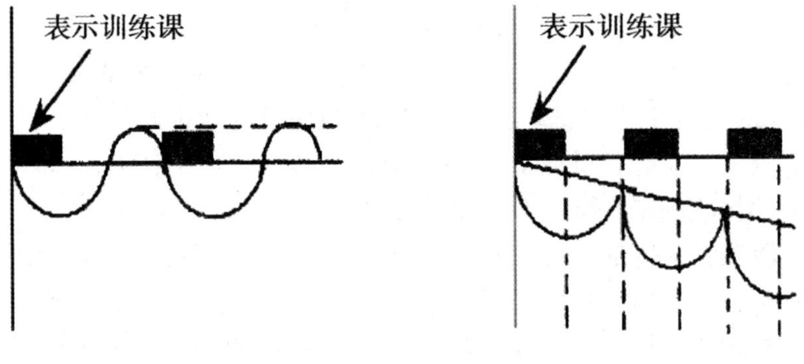

（a）　　　　（b）

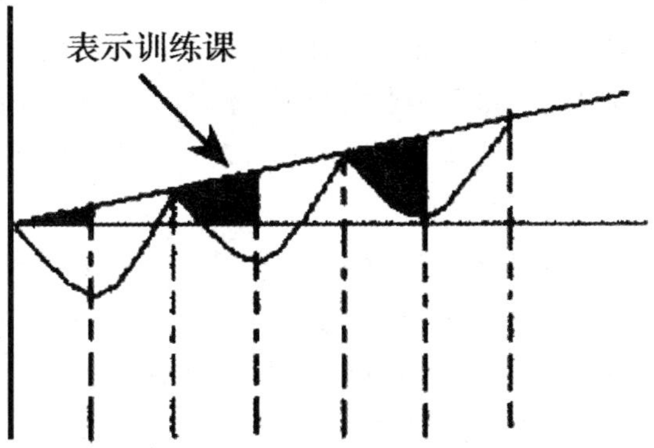

（c）

图 4-2 超量恢复原理[①]

运动训练提高大学生运动能力的效果与超量恢复原理有直接的关系。大学生在训练中从事一定运动负荷的身体活动，随着运动负荷的增加，机体受到的刺激增加，机体适应能力不断提升，这种良好的适应效果不断累积，就提高了大学生的运动水平。大学生机体在承受刺激和不断适应刺激的过程中，机体物质消耗与恢复的平衡情况对机体工作水平的提高、运动能力的提升以及运动训练的可持续性具有决定性影响。只有对运动训练过程中机体能源物质消耗与恢复的一般原理有深刻的认识与理解，才能对运动训练的超量恢复现象及特征有准确的把握，并利用超量恢复原理科学安排羽毛球训练，不断提高训练效果。

（2）机体适应某一负荷的超量恢复

在训练中，运动负荷越大，机体承受的刺激越大，机体能源物质消耗也越多，这种情况下机体很快就会出现疲劳症状，疲劳程度也会增加，机体工作水平明显下降，包括机体各器官系统的功能下降和肌肉运动能力减弱。从运动结束后到机体对负荷刺激达到良好的适应性为止，机体能源物质的恢复占优势，机体能源物质逐渐增加，机体工作能力恢复原来水平，然后机体能源物质继续增加，身体机能水平继续提升，超过原来水平，超量恢复水平和原来水平的差距与训练中的训练负荷、训练间歇等因素有关。

一次训练结束后，机体因为刚刚承受了较大的刺激，所以需要时间

① 骆建．对运动训练中的超量恢复现象与超量恢复原理的审视[J]．中国体育科技，2001（06）：10-12.

休息和恢复，为了增加恢复的累积效应，需要在休息的同时也进行调整性练习，下一次的高负荷训练应该在机体完全恢复后进行。基于这一原理，在羽毛球训练中不要一味盲目地增加运动负荷，而要将大负荷、中等负荷以及小负荷的训练有机结合起来，循环采取不同负荷的训练方式。

另外，机体承受超过原有运动负荷的刺激也是有限的。如果机体承受运动负荷刺激的量或强度达到了引起机体出现保护性抑制的程度，机体承受这种超负荷刺激后是不可能出现超量恢复的。

（3）周期性训练中的超量恢复

随着训练中负荷刺激的不断增加，机体逐渐适应新的刺激后，恢复水平也逐渐提升，不断超过原有恢复水平，这种累加效果就是周期性训练过程的超量恢复。

大学生在周期性训练中机体承受运动负荷的特点主要从负荷量和负荷强度的变化中体现出来，负荷量的变化趋势是缓慢递增→缓慢下降；负荷强度的变化趋势是缓慢递增→快速递增直至达到最大值→快速下降。说明在周期性训练中，运动负荷刺激作用于机体的时间变化呈现出由长到短的趋势，而负荷刺激的变化呈现出强度由小到大的趋势。因此在周期训练中为了保证机体承受负荷刺激后适应能力累积效应的增加，在训练安排上必须遵循加大——适应——再加大——再适应的循环性原则，使机体适应某一负荷刺激并达到超量恢复后再增加负荷强度，进一步提高机体的适应能力，出现新的超量恢复，如此反复，促进大学生机体适应能力和机能水平的不断提高。可见，大学生在羽毛球训练中运动水平的提高是超量恢复效果递增与累加的结果。

二、训练方法

要通过羽毛球训练提高运动素质水平和技战术能力，就必须采取科学合理的训练方法。大学生羽毛球运动员在运动训练中经常采用的训练方法有以下几种。

（一）重复训练法

重复训练法是指重复同一个练习且安排相对较为充分的间歇时间

的训练方法。通过多次重复某一练习，一方面可以增加运动量，保证运动负荷的充足性，另一方面可以提高对单一动作的熟练程度，不断巩固某一动作的训练效果。

采用重复训练法时，要求大学生在较高强度状态下完成训练任务，高质量、高标准地完成每次练习。一般来说，重复训练法具有间歇时间相对充足的特点，为了保证磷酸原供能系统的再合成，间歇时间一般为3～5分钟。如果在羽毛球体能或技术训练中，间歇时间过短，有可能发生供能系统转移的情况，不利于训练的顺利进行。

（二）间歇训练法

间歇训练法是指在训练过程中严格规定次与次、组与组之间的间歇时间，要求机体在不完全恢复状态下反复训练，有助于提高机体抗乳酸能力和持续运动的能力。

间歇训练法最显著的特点是严格限制间歇时间，使机体在不完全恢复状态下再次进入运动状态，使机体代谢产生明显变化，所以说间歇训练法在各种训练方法中总负荷相对较大。在羽毛球运动训练中，要依据大学生的具体实际合理地安排运动负荷和间歇时间，确保机体的有效恢复，这将有利于下一步的训练。

（三）循环训练法

循环训练法是指在训练过程中，练习者按照设置点位的形式，依据一定的路线、顺序逐个完成每站训练任务的一种训练方法。循环训练法在结构上包括每站练习的内容和负荷；站与站之间的顺序、间歇时间；组与组之间的间歇时间；站点总数以及循环组数。

循环训练法对整个训练结构要素有较为严格的要求，不仅规定了训练内容、强度、持续时间、间歇时间等，还要求按照给定的顺序依次完成训练任务。此外，循环训练中平均每个站点的负荷相对较小，但总的负荷非常大，对练习者的心肺功能是较大的考验。

在羽毛球训练中采用循环训练法，设置多个点位，如上肢力量练习、各种步法练习，通过安排一系列站点与内容，充分满足大学生的训练需求，这对提高训练效果具有重要的意义。

循环训练法可以激励大学生克服困难、挑战自我、超越自我的动机，由于这种训练方法练习内容丰富，总的负荷要求高，因此可以使大学生在训练时提高对自己的定位水平。

采用循环训练法还可以预防大学生产生枯燥乏味的消极情绪，多样化的训练有利于大学生持之以恒地完成训练任务。

（四）变换训练法

要想提高羽毛球训练的质量和效果，需要在训练时对训练内容、训练形式以及训练负荷等进行变换调整，在调整之后继续训练的方法即为变换训练法。采用变换训练法能取得不错的训练效果。

例如，通过变换与调整训练形式，能够激发大学生的训练兴趣，促进良好训练效应的产生。通过变换与调整训练内容，能够促进大学生身体素质的全面发展和综合技能的提升。通过改变训练负荷，能够使机体适应不同负荷刺激，促进机体组织系统功能的提升。

为了提高变换训练法的适用性，要根据训练目的灵活改变训练因素，除了改变训练形式、训练内容和训练负荷外，还能改变训练时间。变换训练法对吸引大学生积极参与训练具有重要的意义和作用。如果在羽毛球训练中不断重复单一的训练内容，采用少数几种训练形式与方法，那么大学生就很容易厌烦和放弃，而如果可以对训练形式、训练内容、训练方法，或者训练器材、时间等进行适度变换与灵活调整，就能有效激发大学生参与训练的兴趣和积极性，从而提高训练水平和效果。

在羽毛球训练中对变换训练方法的应用需要注意以下几个部分。

准备阶段：这一阶段运动负荷较小，主要以热身为目的，为正式训练做好身心准备。

主体部分：在这一部分逐步增加运动负荷，达到良好的训练效果。

整理部分：此部分再次调整训练负荷，较主体训练阶段负荷小一些，通过一些整理放松练习来缓解疲劳，促进体能恢复。

（五）游戏训练法

游戏训练法是以游戏方式进行训练的方法，有明确的游戏规则，练习者在规则范围内进行主动性和创造性的活动，从而完成游戏任务，达到预期目标。这一训练方法具有较强的趣味性，能在一定程度上吸引大学生的注意力，激发其参与训练的兴趣。

游戏训练法是在游戏环境下实施的，游戏环境是不断发展和变化的，大学生在遵守游戏规则的同时需要在不同的环境下灵活应变，将自己的能动性和创造性充分发挥出来。在羽毛球体能训练中可以采用多种多样的游戏内容与形式，使不同体能水平、运动水平的大学生都可以找到适合自己的游戏训练方法，针对不同的训练内容也能灵活设计游戏练习方式，可见游戏训练法的应用非常灵活。

在羽毛球训练中设计与选择游戏，要参考训练任务、训练目的、训练对象的特点以及训练内容等诸多因素，要有针对性地设计与选用游戏，提高游戏训练的科学性。设计游戏时，在游戏命名环节要设计能够吸引大学生的、具有高度概括意义的游戏名称，明确提出游戏规则与要求，游戏实施方法必须简便易行。在游戏实施中可以根据需要安排一名裁判员，裁判员行使职责时必须公正公平。

（六）竞赛训练法

竞赛训练法指的是通过各种竞赛方式（身体素质竞赛、游戏性竞赛、训练性竞赛、适应性竞赛、测验性竞赛等）组织大学生进行训练的方法。该方法能有效提高大学生的体能和技能水平。

运用竞赛训练法需注意以下两点。

（1）在恰当时机组织竞赛，明确竞赛规则。

（2）竞赛训练负荷与一般训练方法的负荷相比较大，甚至等同于比赛负荷。按比赛规则与要求安排竞赛训练的过程，使大学生通过模拟训练适应比赛环境和比赛负荷，提高比赛能力。

（七）综合训练法

在羽毛球运动训练中，根据训练目标、任务和需要，把上述不同训练方法组合起来设计训练方案并实施该方案的方法就是综合训练法。

综合训练方法能全面提高大学生的身体素质，增强大学生的羽毛球技能和比赛能力，而且训练时不易过早出现疲劳。需要注意的是，综合训练是根据训练需要将几种恰当的训练方法组合起来，而不是整合所有的训练方法，训练方法并非越多越好。只有从实际出发，以训练任务、训练目的及其他客观条件为依据来搭配训练方法，并不断优化组合方式，才能充分发挥综合训练法的作用，提高训练水平。[①]

第二节　大学生羽毛球运动员竞技能力的特征与提升

一、运动员竞技能力的概念与要素

（一）运动员竞技能力的概念

竞技能力是竞技运动本质的具体体现，是竞技运动制胜规律的基本构件，是运动专项特征的核心内容。运动员竞技能力是指运动员在训练中的承受能力和在比赛中的表现能力（运动成绩）。运动员竞技能力是运动员体能、技术能力、战术能力、心理能力、运动智能等要素的总合。[②]

（二）运动员竞技能力的要素

关于运动员竞技能力结构的早期研究中，有研究指出运动员的竞技能力由体能、技能和心理能力构成，如图 4-3 所示。

① 刘丹．青少年羽毛球运动训练纲要与教法指导 [M]．北京：人民体育出版社，2011．
② 郑伟．论竞技能力 [M]．北京：中国科学技术出版社，2005．

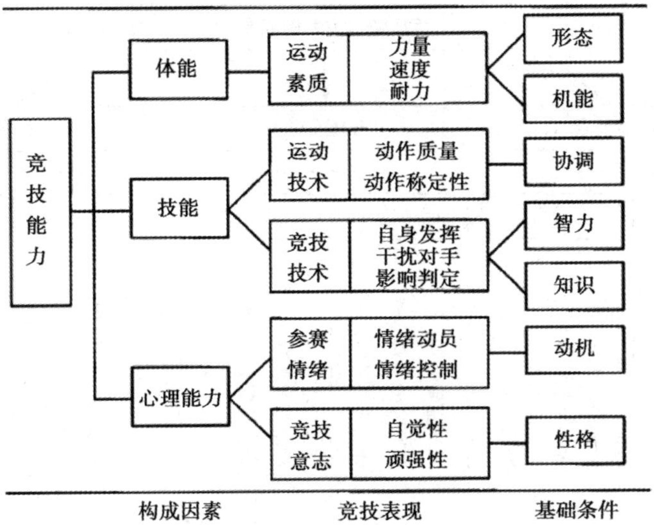

图 4–3　竞技能力的构成[①]

上图反映了竞技能力构成因素在竞技运动中的表现形式以及影响各要素发挥的基础条件。有学者在上述研究的基础上对竞技能力的结构进行了补充，指出竞技能力的构成除了包含体能、技能和心理能力等要素外，还包括运动智力，由此形成了新的竞技能力结构体系，如图 4–4 所示。运动员竞技能力体系中，体能是一种综合素质，包括运动素质和人体机能水平；技术能力是指按一定技术要求掌握、完成和表现技术动作的能力；战术能力是指运动员学习和运用战术的本领；心理能力是指运动员对训练和比赛的心理适应状态；智能是运动智力和能力的综合体。

图 4–4 所示的是竞技能力的结构要素，但不是竞技能力的全部要素，因为竞技能力的内部要素具有多样性、类别性和专项性等特点，所以要展现所有的构成因子是不容易的。为便于分析，需归纳运动员竞技能力的层次要素，将其作为分析与研究竞技能力构成因素的特征的基点。竞技能力各个层次的因素都是由下位层次的若干因素组成的，竞技能力基本结构因素逐级体现专项特征。运动员竞技能力的层次要素见表 4–1，其中第四级因素是细化专项竞技能力的基础要素。

---

① 杨桦，李宗浩，池建 . 运动训练学导论 [M]. 北京：北京体育大学出版社，2007.

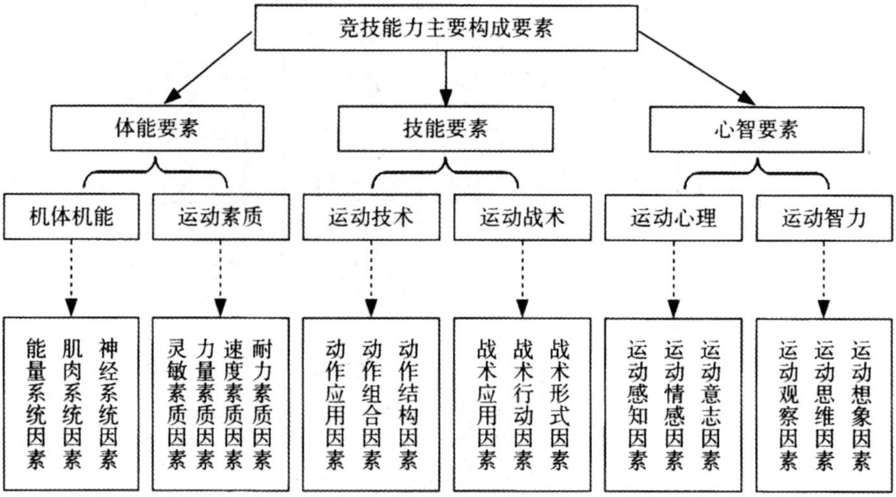

图 4-4　竞技能力主要构成因素①

表 4-1　运动员竞技能力的层次要素②

一级	二级	三级	四级
体能	机体机能	神经系统	灵活性
			稳定性
			高强性
		肌肉系统	速度性
			协调性
			精细性
		能量系统	无氧性
			有氧性
			混合性
	运动素质	力量素质	最大性
			爆发性
			持久性

① 胡亦海．竞技运动训练理论与方法 [M]. 北京：人民体育出版社，2014.
② 同上。

续表

一级	二级	三级	四级
		速度素质	反应性
			速度性
			持久性
		耐力素质	短时性
			中时性
			长时性
		灵敏素质	协调性
			应变性
			及时性
技能	运动技术	动作结构	稳定性
			多样性
			微调性
		动作组合	衔接性
			变异性
			节奏性
		动作运用	准确性
			应变性
			难美性
	运动战术	战术形式	多样性
			针对性
			转换性
		战术行动	默契性
			应变性
			预见性
		战术应用	熟练性
			针对性
			诡奇性

续表

一级	二级	三级	四级
心智	运动心理	运动感知	清晰性
			准确性
			敏锐性
		运动情感	激情性
			稳定性
			表现性
		运动意志	坚定性
			果断性
			自制性
	运动智力	运动思维	敏捷性
			想象性
			逻辑性
		运动观察	细微性
			准确性
			广泛性
		运动想象	清晰性
			丰富性
			联想性

二、大学生羽毛球运动员竞技能力的结构特征

大学生羽毛球运动员的竞技能力同样包括体能、技术能力、战术能力、运动心理和运动智力。体能、技术和战术是羽毛球运动员应该具备的基础性竞技能力，能够为运动员在比赛中取得胜利提供基础保障。这些能力是运动员在长期系统的训练中获得的，而不是短期内一蹴而就的。除了体能、技术和战术这些基本的竞技能力外，运动心理和运动智能作为羽毛球运动员竞技能力的重要组成部分同样在羽毛球比赛中发挥着重要作用，是运动员在比赛中将自身竞技实力充分发挥出来的重要保障，对运动员的临场发挥有重要影响。如果说体能、技术和战术是羽

毛球运动员竞技实力的物质基础，是运动员竞技水平的基础保障，是运动员在比赛中取得良好成绩不可或缺的基础因素，那么心理和智能就是羽毛球运动员在比赛中发挥技能水平的重要思想保障，它们是最高级层次的组成要素，对体能和技战术能力有调节作用，直接影响运动员对自身竞技实力的支配和运用，是影响羽毛球运动员在激烈比赛中临场发挥的关键因素。

羽毛球运动员竞技能力结构模型如图 4-5 所示。

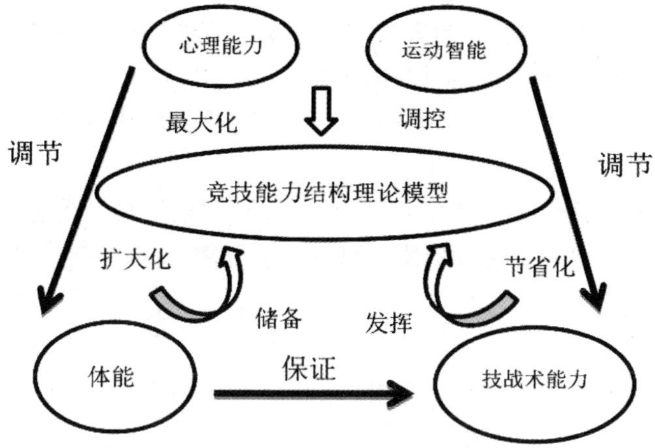

图 4-5　羽毛球运动员竞技能力结构理论模型[①]

三、大学生羽毛球运动员竞技能力的提升

（一）羽毛球运动制胜规律与运动员竞技能力的关系

根据羽毛球运动的竞技特征和羽毛球比赛的发展趋势，可以将羽毛球竞技比赛的制胜要素归纳为“快”“狠”“准”“活”，这四个要素中居于核心地位的是“快”，其他三个要素是核心要素的具体表现。“快”是现代羽毛球运动的一大发展趋势，不仅男子打法越来越快，而且女子打法也不断趋于男性化，传统的女子打法逐渐退出舞台，在比赛中以“快”

① 曹汀汀．羽毛球运动员竞技能力评价指标体系的构建[D]．北京体育大学，2017.

作为争取主动、寻求突破、得分取胜的运动员越来越多。

“快”包括绝对和相对两种情况，绝对的“快”主要通过运动员的速度力量、力量耐力和速度耐力等基础体能反映出来，相对的“快”体现在运动员的速度控制力上，即变速能力上，运动员的技战术能力可以从相对的“快”体现出来。“狠”“准”“活”是“快”的具体体现，分属于绝对“快”和相对“快”的范畴中。

“狠”：“快”的表现之一，在绝对“快”的范畴中，重点在进攻上体现出来。

“准”：同样作为“快”的表现之一，属于相对“快”的范畴，对运动员步伐和击球的准确性提出了很高的要求。

“活”属于相对“快”的范畴，主要从战术变化中体现出来，要求运动员球路多变。

总的来说，羽毛球运动“快”“狠”“准”“活”四个制胜要素的基本关系是，“狠”和“准”是对“快”的基础表达和基本体现，“活”是“快”的最终体现。

在羽毛球运动员竞技能力的培养过程中，要全面培养体能、技战术、心理和运动智能等竞技能力要素，通过体能训练提供基础支撑，通过技战术训练奠定扎实的基础，通过心智训练提升临场能力，使运动员能够在比赛中有出色的发挥。只有将各项竞技能力因素结合起来全面训练，才能共同综合表达“快”“狠”“准”“活”四大制胜因素的精髓。

（二）羽毛球运动员竞技能力发展的影响因素

羽毛球运动员竞技能力发展的影响因素诸多，如性别、年龄、智力等个体因素；训练活动、教练员水平、竞技运动员培养的相关制度等外在因素。不同因素对不同运动员或同一运动员不同发展阶段的影响程度不同，要区别对待。下面主要分析影响羽毛球运动员竞技能力发展的性别因素、年龄因素、智力因素以及运动训练因素。

1. 性别的影响

（1）性别对思维活动的影响

通常而言，竞技体育中身体活动速度越快，需要越多的操作思维参与工作，而身体活动速度越慢，则需要越多的逻辑思维参与工作。羽毛球运动是速度很快的开放性竞技体育项目，羽毛球运动员往往要在瞬间获取信息、采取行动，每个来回很短暂，可见运动员的速度非常快，因此运动员在比赛中主要是操作思维参与工作，而逻辑思维成分少。也正因如此，操作思维成为评定羽毛球运动员认知特征的重要指标之一。

人的操作思维特征有性别差异，水平接近的男子运动员和女子运动员在羽毛球比赛中的操作思维活动存在差异，主要从操作步数和操作总时间上体现出来。一般男子运动员比女子运动员更有优势，即男子运动员的操作步数比女子运动员少，操作总时间比女子运动员短，外在表现是男子运动员的身体活动更快。

（2）性别对力量的影响

体能素质是竞技能力的基础组成因素，而力量是体能素质的基础组成因素，因此力量是运动员竞技能力结构中基础的基础。羽毛球运动员的力量素质存在鲜明的性别差异。

一般来说，男性的肌肉力量大于女性，这与女性的身体构造有关，女性骨骼重量在体重中占的比例较小，骨骼缺乏较强的抗压能力，骨杠杆长度较短，骨骼结节比较小，骨骼肌附着面非常有限，这些先天身体因素决定了女性的肌肉力量不及男性。因此男子羽毛球运动员的绝对力量、速度力量、爆发力都比女子运动员强。

（3）性别对耐力的影响

通常，女性的耐力素质不及男性，最大摄氧量的性别差异是直接原因。男性的最大摄氧量大于女性，主要是因为男性和女性相比，肺容量大，气管宽，气道阻力小，呼吸肌力量强，以腹式呼吸为主，所以肺通气能力强，心输出量和每搏量都大。

但是，在低于80%最大摄氧量强度的耐力运动中，男女运动员的耐力水平差异就比较小，甚至女性的耐力水平会超过男性，因为女性在脂肪供能方面有优势，动用脂肪供能的比例比男性高。

（4）性别对技术的影响

从技术上来看，占优势的是女子运动员。女子运动员的体能素质不及男子，因此在日常训练中对基础动作的训练非常重视，因而基本功特别扎实，为技术水平的提高打好了基础。在一般的羽毛球混双比赛中，男子运动员因为身体素质更强，所以在后场进攻中担当重任，而网前封网、为同伴后场进攻创造条件则是女子运动员的主要任务，但在高水平的羽毛球混双比赛中，当混双搭档的水平都很高时，他们轮转配合时女子运动员在后场进攻的现象也是比较多见的。在后场进攻的优秀女子运动员同样可以凶猛进攻，速度变化非常快，让对手吃不消。

高水平的竞技羽毛球混双比赛中，动作节奏之快，球速之迅猛，球路变化之多都是显而易见的，男子运动员在攻守中消耗的能量相对更多一些，若搭档的女子运动员能够在某个瞬间爆发出惊人的能力，将对方节奏破坏，则能够为男子运动员减轻压力，并打破局势，创造得分机会。

2. 年龄的影响

人在不同年龄阶段的技能操作有不同的特点。专业运动员技能操作的发展变化规律是：从出生到青少年阶段，随着身心的不断发育和经验的积累，运动技能不断提高。从 18 ~ 26 岁这个阶段，不管是身体素质、运动技能还是经验，都在不断累积、发展，是多数运动员的黄金发展阶段，运动员的巅峰期也往往出现在这个阶段。而在 26 岁之后，随着年龄的增长，身体素质和运动能力达到一定水平后开始停滞不前和退化。

运动员从出生到成年，随着年龄的增长、身心素质的不断发育，技能操作能力能够得到系统而显著的提高，这从很多方面体现出来，如肌肉力量、运动速度、判断和预测能力、信息加工能力等。年龄因素对青少年羽毛球运动员运动技能水平的影响很明显，到 18 岁左右时，运动技能一般可以达到较高水平。

羽毛球运动员随着年龄的继续增长，身心发育的成熟度越来越高，接近成人水平，经验的积累也越来越多，很多方面的运动能力都有良好的发展势头。从动作的发展来看，年龄大一些的青少年优于年幼者，原因主要有两点，第一，随着青少年年龄的增长，身心发育逐渐完成，信息加工能力、动作控制力也有效提升。第二，随着青少年身体素质水平的提高，其掌握动作技能的条件不断成熟，因而学习能力有所提高。青少年的运动技能是动态发展的，这一阶段运动技能不断提升可以总结为个体、任务和执行任务的环境之间相互作用的结果。

运动员到青年后期和中年期时，运动能力的发展常常陷入瓶颈期，一些能力会有下降的趋势。① 一般来说，超过 30 岁之后，身体素质、运

① 任益琢．影响羽毛球运动员个体能力的因素分析 [J]. 文体用品与科技，2022（02）：82-85.

动能力都会下滑，他们和年轻选手相比，体能方面已经处于劣势了，占优势的主要就是经验丰富和临场应变能力强。虽然年长的羽毛球运动员的运动能力和同龄的非运动员、一般运动员相比还是处于较高水平，但在世界顶尖的专业羽毛球选手中，年龄依然是他们的一个“致命因素”。

3. 智力的影响

智力对羽毛球运动员的竞技能力有非常明显的影响。低智力群体动作能力的发展速度严重落后于同龄的智力正常者，智力低下的人感知能力较差，学习能力不强，就连身体控制能力如平衡力、协调性等也和正常人有差距。而智力水平很高的人，他们的运动能力又明显超过智力一般的人。

羽毛球运动具有技巧性和策略性，因此对运动员的智力提出了较高的要求，智力也自然成为影响羽毛球运动员竞技能力的一项重要因素，智力的影响表现如下。

（1）智力对技术的影响

和智力一般的运动员相比，智力水平高的运动员学习新技术时所用时间比较短，而且学会之后运用的熟练度和灵活度也更强。运动智能水平高的羽毛球运动员身体控制力更突出，表现在灵敏、平衡、协调等方面。此外，智力强的运动员与一般智力水平的运动员相比，还具有球路变化多、落点准确、能出奇制胜的优势。

（2）智力对战术的影响

当羽毛球运动员的智商高、运动智能强时，往往能很快理解战术意图，规范合理地完成个人战术和配合性战术。此外，在激烈的羽毛球比赛中，运动智能水平高的运动员比较容易识破对方的招数，能灵活地见招拆招，将对方战术破解，并采用能够攻克对方球路的战术来积极应对。总之，智力对运动员战术的影响主要体现在比赛分析、决策和临场应变中，一般的运动员难以达到这样的水平。

（3）智力对心理的影响

智力水平高的羽毛球运动员往往心理素质比较好，心理抗压能力也比较强，在赛前能及时调整心理状态，在比赛中也能沉着应对，稳定发挥，在关键分时对球的处理非常从容、恰当。这都是高智能水平羽毛球运动员制胜的法宝。

此外，观察能力强是羽毛球运动员智能水平高的表现之一，高智商运动员在比赛过程中能够通过迅速观察对手而捕捉信息、分析局势，从对手的表情、姿态、运动能力中判断对方的意图和竞技状态，并找出破绽，想方设法迫使对方失误。

总之，智力对羽毛球运动员竞技能力的影响非常大，运动员智力高，竞技能力强，临场发挥上占据优势，获胜的概率大。

4. 运动训练的影响

羽毛球运动员的竞技能力各要素都要通过运动训练才能获得系统的发展和显著的提升。运动员体能、智力、心理以及运动能力的发展虽然都不同程度地受到先天遗传因素的影响，但相对来说，后天运动训练的影响更大。在大学生选材中，确实有许多选材指标与遗传因素密切相关，但选拔有天赋的好苗子后，关键还是要通过长期系统的训练和科学的培养来使其成才，成为优秀的羽毛球运动员。

在羽毛球运动员后天的培养中要不断挖掘后备人才的潜力，抓住他们身心素质、运动能力发展的敏感期来进行科学训练，制订科学的训练计划，设计创新的训练方法，科学安排体能、心智能、技战术等各方面的训练，促进后备人才各方面竞技能力的协同发展，提升整体竞技能力，使其在比赛中发挥实力，取得优异成绩。

（三）提升大学生羽毛球运动员竞技能力的建议

1. 全面发展竞技能力要素，实现竞技能力最优化

竞技能力的构成因素是复杂多样的，但层次鲜明，具有有序性，这就构成了竞技能力结构的主要特征。对竞技能力的结构要素进行研究时，要从系统和整体的角度出发将竞技能力看作是一个有机的整体，对竞技能力的内在规律从整体上予以把握，在不同运动项目竞技能力的培养与发展中要从竞技能力体系的各个组成要素着手，秉着统筹兼顾的原则来促进各要素协调发展，促进竞技能力体系的整体优化。当子能力与竞技能力这个有机整体在某些方面产生矛盾时，要树立大局观和整体观，秉着局部服从整体的原则去解决矛盾和冲突。

竞技能力这个有机整体与其各个组成因素之间都有密切的关系，一

定要将这个关系处理好，对各个组成要素的性质、特征、功能进行分析与研究，将提升大学生羽毛球运动员的竞技能力水平看作一个系统工程，力求该工程中各层次要素的科学发展及相互之间的合理配置。教练员要准确评估竞技能力系统中各结构因素所处的地位和发挥的作用，从而有序安排各因素的训练，克服训练的盲目性，为科学训练提供有效指导。

2. 依据动态调节的观点，实现竞技能力发展的动态平衡

运动员的竞技能力是不断变化的，具有鲜明的动态性，不可能存在静态的、完全不变的竞技能力，哪怕竞技能力水平退化也是一种变化。竞技能力的变化体现在其结构因素的变化上，不同结构因素在变化发展中保持一种相对的稳定状态和平衡状态。竞技能力系统强大的生命力主要就来源于不断的变化与发展，因此在对大学生羽毛球运动员的竞技能力进行培养的过程中，要从动态的、变化发展的视角出发对运动员竞技能力要素进行研究，对竞技能力要素发展变化的内在规律有准确的认识，对各个组成要素的过去状态、现状及未来开发潜能都要做到“心里有数”，尤其要对运动员当下的竞技状态有清晰的认识，并从运动员竞技能力当下的相对发展变化的状态出发进行具有针对性的训练。

大学生羽毛球运动员竞技能力提高的过程也是不断进行动态调节的过程，在训练过程中既要注意宏观把握与调控，也要注意微观分析与深入研究。竞技能力的动态调节理念与一般的思维方式不同，在动态调节理念下进行运动训练，可以克服训练的盲目性、教条化、机械化，打破僵化的训练模式，使教练员和运动员都辩证地思考训练中的问题，并运用科学有效的策略去解决问题，从而有效提升大学生羽毛球运动员的总体竞技水平。

3. 围绕竞赛构建提高运动员竞技能力水平的良性循环系统

随着时代的进步与科技的发展，竞技体育运动尤其是体育竞赛表现出鲜明的全面性、复杂性特征，要在竞技比赛中获得优异的成绩越来越难，因此需要围绕竞赛设计有助于提升训练效率和比赛能力的综合策略，构建良性循环系统，这个系统中既要涉及运动训练的主要环节，也要包含与竞赛密切相关的动态过程，尽可能将与运动训练以及与竞赛有关的物质和精神支持、教学训练引导、医务监督、信息保障、安全保障等

内容都纳入其中。在总体规划的基础上,还要针对专项特征设计更具体的训练或比赛策略,促进运动员专项运动水平和专项成绩的提升。在羽毛球运动竞赛的不同阶段,要采取不同的策略来调动运动员的能动性,使运动员的竞技能力在关键时刻能够得到充分的发挥。例如,在赛前对影响比赛成绩的主客观因素进行分析,采取最佳策略来调动运动员的参赛热情与积极性,使运动员保持最佳竞技状态。在比赛中,激发运动员的高昂斗志,使运动员将自身已具备的竞技能力充分发挥出来,并尽可能发挥自己的潜能,将之转变为实力,以提升比赛成绩;在比赛结束后及时采取措施帮助运动员消除疲劳,恢复比赛前状态。总之,不管在比赛前、比赛中还是比赛后,都要注意对运动员竞技能力的调控。

第三节　大学生羽毛球运动员体能与心理训练

一、大学生羽毛球运动员体能训练

(一)体能素质在羽毛球运动中的作用

1. 体能素质是运动员长期训练和激烈比赛的基础

羽毛球运动对抗激烈,运动员身体活动快速、灵活,技术动作多变,这对运动员的体能素质提出了很高的要求,良好的体能素质是羽毛球运动员长期进行艰苦训练和参加激烈比赛的基础条件。

羽毛球赛事充满激烈的竞争,运动员在比赛中技术多样,动作快速,承受的运动负荷比较大,而且也要有良好的控场能力。从羽毛球比赛的场地特征来看,运动员在赛场上需要在较大面积的区域中展现自己的体能和技能,能量消耗非常大。一场高水平的羽毛球比赛时间有时多达两个小时,高水平运动员在长达两个小时的攻守对抗中不停地起动、移动、跨跳、急停、挥臂击球,完成各种技战术,数量之多,速度之快,令人叹为观止。要在高负荷的对抗中快速完成这些大量的、多变的羽毛球技术动作，需要有良好的力量、速度、耐力、灵敏等体能素质，体能素质的高低对最终比赛成绩有直接影响。

羽毛球比赛考验的是羽毛球运动员的临场技能发挥能力，体能是影响运动员临场发挥的重要因素之一。刚开始比赛时，运动员体能充沛，动作速度快，技战术水平能够稳定发挥，随着比赛的进行，对抗越来越激烈，运动员消耗大量体力，运动员在体力不支、严重疲劳时常常会出现动作速度减慢、动作变形不规范、操作失误、被对方牵着走等问题，最终造成比分落后、比赛失败的后果。可见，体能对羽毛球运动员而言至关重要，运动员必须具备良好的体能素质才能上场比赛。

2. 体能素质是运动员技能水平提高的基础

羽毛球运动员竞技能力的提升、保持以及发挥受到自身体能素质的直接影响。运动员体能素质水平直接影响技战术水平，体能素质强的羽毛球运动员对先进而复杂的专项技战术的掌握程度、运动水平都优于体能一般的运动员。若运动员体能素质差，如肢体不协调、身体不灵活、肌肉力量不强、反应速度慢，那么其在比赛中技战术往往得不到正常发挥，达不到预期的效果。

羽毛球运动员专项体能素质水平与技战术水平是成正比的，专项体能水平越高，越有利于专项技能的提升和发挥，反过来，专项技战术训练也是进一步巩固运动员专项体能的重要手段。

3. 良好的体能素质能够预防运动损伤

羽毛球运动员在运动训练和比赛中要承受的运动负荷非常大，这是由羽毛球运动项目的特点所决定的。在高负荷的训练和比赛中，运动员常常出现疲劳症状，肌肉疲劳严重的部位受伤的概率较大，严重的运动损伤会对运动员的运动寿命造成严重影响。

专项体能素质很强的运动员，其抗疲劳能力比较强，疲劳出现时间晚，疲劳症状轻，因而发生运动损伤的概率也就比较少，发生损伤后恢复也比较快，对运动生涯的影响较小。因此，羽毛球运动员必须注重体能素质训练，积极改善身体形态，自觉提高身体机能，有效提升身体素质，使身体结构发生积极的变化，提升身体的抗压能力、抗疲劳能力，增加身体承受负荷的极限范围，从而在运动训练和比赛中有效预防损伤或降低损伤严重程度。

运动疲劳与运动损伤密切相关，严重的运动疲劳会引起运动损伤，因而羽毛球运动员有必要通过体能素质训练来提升肌肉耐力，使专项技战术水平保持的时间久一些。

4. 体能素质训练是培养运动员意志品质的重要途径

羽毛球运动员的体能训练具有系统性、复杂性和极限性，过程异常艰苦，对运动员的意志力是非常大的挑战。在高负荷的体能训练中，运动员要靠顽强的毅力来克服身体惰性、不良情绪和心理障碍，从而勇敢挑战和不断突破自己的体能极限，取得良好的训练效果。在艰苦的体能训练过程中，运动员的意志力能够得到有效锻炼，提升运动员的意志力水平和心理素质。坚韧的意志力反过来又支撑运动员坚持完成训练任务，促进运动素质的有效提升和显著增强。

良好的意志品质也是运动员参加对抗激烈的羽毛球赛事的必备心理素质，羽毛球运动员在赛场上以超强的体能、坚定的信念、顽强的毅力奋力拼搏、百折不挠，坚持到底，无论结果如何，其顽强的精神和毅力都是值得肯定的。

5. 良好的体能素质是运动员树立自信心的重要保证

优秀羽毛球运动员的竞技水平越来越高、越来越先进，这主要得益于先进的训练技术、不断丰富的训练理论与训练方法、全面发展的身体素质以及不断突破的专项技能。在高水平的羽毛球比赛中，尽管参赛选手很优秀，掌握的技战术很全面、很熟练，但也很难只靠一两拍就将对手防线轻易击破，每个来回的对抗、每一分的获得都非常不易。羽毛球选手如果不具备良好的体能素质，没有这一基础条件，是不可能长时间对抗的，而且很容易因为体力达不到竞技需要而失去对抗下去的勇气与信心，这时就容易出现严重的心理障碍，如情绪急躁、焦虑不安、过度紧张等，从而被对方抢占主动权，最终导致比赛失利。那些在比赛场上信心满满、战斗力非常强的运动员往往训练有素，体能充沛。可见良好的体能素质是羽毛球运动员自信心高涨的重要保证。

（二）力量素质训练

力量素质是最基础的一项运动素质，力量素质的提升不仅能够改善身体形态结构，促进能量代谢，提高神经系统功能水平，而且能够积极影响和促进其他运动素质的发展，进而提升技战术水平。因而在羽毛球体能训练中要以力量素质训练为基础，先打好体能基础，然后进行其他运动素质的训练，在力量训练中要注意结合羽毛球专项特征进行专门力量练习，并适当与其他运动素质结合起来训练。

1. 力量素质训练原则

发展肌肉力量的手段主要是力量练习法，力量训练形式丰富，手段多样，既能单一练习，也能组合练习、成套练习，形成了较为完善的力量训练体系。力量训练包括快速力量训练、最大肌力训练、力量耐力训练、爆发力训练等内容，从运动生物学理论出发，在全面增强肌力的力量素质训练中要贯彻以下几项基本原则。

（1）系统性原则

面向羽毛球运动员的力量训练应该在全年训练计划中进行系统性安排，从而持久有效地增加肌力。如果中途放弃，就会导致肌肉力量减退，之前的训练效果消失。

（2）递增负荷原则

从运动生物学的角度来看，运动训练的过程根本上就是运动员在重复不断的训练中机体从不适应到适应的循环往复的过程，一旦运动员适应了某一力量负荷，就要采取新的力量负荷进行训练，也就是在原有负荷基础上的增加，通过增加练习次数、器械重量、练习时间来加大负荷刺激，进一步提升运动员机体的适应力。

（3）针对性原则

羽毛球运动员肌力训练包括身体不同部位的训练，在某个肌肉部位的训练中，要在该肌肉部位施加适当的负荷，并使肌肉收缩方向与负荷阻力方向相反，这样才能达到针对性训练与提升的效果。

（4）专门性原则

在设计羽毛球力量练习动作和操作方法时，要参考羽毛球专项特征，尤其是专项技术动作的结构特征，进行专门性训练，从而使羽毛球运动员产生积极的运动性应激反应。如果力量练习方法不符合羽毛球动作结构特征，那么即使运动员经过训练增强了力量，也难以转换为羽毛球专项力量，无法从根本上解决一些力量性技术问题。

（5）肌力平衡原则

肌肉有主动肌和对抗肌之分，这两者肌力之间的平衡状态就是所谓的肌力平衡。从更广泛的角度而言，人体上下肌群力量的相对平衡和左右肌群力量的相对平衡也可以称得上是肌力平衡。平衡和相等不是一个概念，平衡是对应关系，羽毛球运动员肌力平衡有助于进一步熟练羽毛球技术，并能有效预防运动损伤。因此在羽毛球专项力量训练中要贯彻肌力平衡这一重要原则。

2. 力量素质训练方法

（1）上肢力量训练

6 项哑铃操练习：

①哑铃前臂头后举练习。

②哑铃两臂上下 8 字绕肩练习。

③哑铃前臂屈伸练习。

④哑铃手腕屈伸练习。

⑤哑铃体前手腕绕 8 字练习。

⑥哑铃体前前臂挥动 8 字练习。

以上动作全部完成为 1 组，每次练习 4 ~ 6 组。

挥拍练习：

用装满沙子的饮料瓶或是羽毛球拍（道具）负重，交替做类似击球动作的练习，发展上肢力量。握拍方式与实战击球握拍方式相同。

①前臂屈伸练习：持拍手持握道具，屈臂举至肩上方，上臂固定不动，以手肘为轴心，前臂、手腕前后快速屈伸。当手臂伸至肩上方最高点时，手腕配合做内旋击球动作。

②前臂前后快速挥臂练习：持拍手持握道具，置于体侧肩以上部位，以肩为轴心，快速做前臂前后摆臂练习。

③手腕屈伸练习：持拍手持握道具，直臂举至肩上方，前臂和肘部均不移动，仅以手腕快速做前后屈伸练习。

④手腕环绕练习：持拍手持握道具，置于体前固定位置，分别以腕或以肘为轴心，用手指或手腕交替做环绕挥动练习。

（2）下肢力量训练

下肢负重跳跃练习：

①全蹲起跳练习。

②收腹双腿跳练习。
③单或双脚全力纵跳练习。
④单或双脚向前后左右跳跃练习。
⑤单或双脚蹬台阶跳跃练习。
⑥弓箭步前后交叉腿跳练习。
⑦弓箭步左右两侧并腿转髋跳练习。
⑧左右体前交叉跳跃转髋练习。
杠铃负重练习：
①左右脚蹬高练习。
②前脚掌蹬跳练习。
③原地左右蹬跨弓步练习。
④交叉弓箭步跳跃练习。

（二）速度素质训练

速度素质是非常重要的体能素质之一，它有三种表现形式，分别是反应速度、位移速度和动作速度，这也是速度素质训练的三大内容。根据羽毛球专项特征，在羽毛球速度素质训练中要重点进行快速反应能力、快速起动和变向能力以及快速击球能力等的训练。

1. 速度素质训练原则

在羽毛球速度训练中，要科学合理地实施练习方法，安排练习负荷，调整练习处方，从而提升训练效果。运动生物学视角下，羽毛球速度训练要遵循以下要求与原则。

（1）符合人体生长规律的原则

不同体能素质发展的敏感期有差异，各项运动素质发展的敏感期出现在人体生长发育的不同阶段。在羽毛球速度训练中，要按照人体生长发育规律，抓住速度素质发展的敏感期，在敏感期阶段加强速度训练，再加上先天基因的配合，能够快速提升速度水平。

（2）符合磷酸原供能系统发展规律的原则

根据羽毛球运动的项目特征，磷酸原供能在羽毛球运动供能系统中占重要地位。提升磷酸原供能系统的供能能力，依据磷酸原供能系统发展规律进行速度素质训练，有助于提升速度素质水平。

在羽毛球速度训练中，为了保证训练效果，在以磷酸原供能为主的训练中，练习总负荷要适中，不宜太大，否则就会使供能方式发生相应的变化，降低磷酸原系统供能所占的比例，从而导致运动强度不足，影响训练效果。在以磷酸原供能为主的速度训练中，以重复训练法为主，使磷酸原系统供能的比例有所保障。

（3）符合快肌纤维发展规律的原则

在运动生理学视角下，速度素质水平在很大程度上受到快肌纤维的影响。在羽毛球速度训练中，要依据快肌纤维的发展规律来设计和选用训练方法，有效发展快肌纤维和速度素质。以快肌纤维的发展规律为依据进行针对性的羽毛球速度训练，能够给人体快肌纤维带来以下积极影响。

第一，增加快肌纤维的横断面。

第二，增强快肌纤维的无氧代谢能力。

第三，改变快肌纤维类型。

当快肌纤维得到以上几方面的发展与完善后，速度素质能够得到有效的提升。

（4）与专项特点相结合的原则

羽毛球运动员的速度训练必须与羽毛球专项特点有机结合起来，如果速度训练不符合羽毛球专项特点，那么运动员获得的速度不会转移为专项竞技能力的一部分。因为简单的快速动作练习和人体植物性神经系统活动之间的联系不是必然存在的，运动员速度水平的提升是以快速动作为前提的，在快速动作练习的基础上，要通过结合羽毛球专项特点的训练将获得的速度能力与羽毛球运动特有的神经系统活动的表现形式有机结合起来，按照羽毛球项目特点进行专项速度练习，强化训练过程中感受器官与运动器官的一致性，提升专项速度训练效果。

例如，在羽毛球反应速度练习中，应把目光移动与身体运动结合起来，把自己的步法动作、挥臂击球动作与目测对手运动的观察力结合起来，经过长期重复训练，能够促进反应速度和动作速度的发展，从而在比赛中快速完成起动、移动变化、挥臂击球等动作。

2. 速度素质训练方法

（1）反应速度训练

场地步法练习：

①听或看信号进行快速全场移动步法练习，以及前场、中场和后场各种分解和连贯步法练习。

②看手势进行各种向前后左右的并步、垫步步法练习，以提高运动员的反应速度。

起动步法练习：

听或看信号做起动步法练习，提高运动员的判断能力和反应速度。

击球挥拍练习：

听教练喊数字口令，按照预先约定姿势做击球挥拍动作练习。

（2）移动速度训练

左右两侧跑练习：

面向球网并与球网保持一定距离，先用接杀球步法向右移动，然后返回，再用接杀球步法向左移动，左右两侧来回跑。

直线进退跑练习：

站在场地底线中间，用最快的速度向前场网前冲跑，手触网后迅速退回原位起跳击球，反复练习。

低重心四角跑练习：

两脚开立，屈膝稍蹲，重心放低，采用上网步法快速向场地四个角移动。

（3）动作速度训练

下肢快速频步训练：

①原地快、慢变速高频率小密步踏步练习。

②原地快、慢变速高抬腿练习。

③原地快、慢变速转髋练习。

以上练习按照慢—快—最快，再由最快—快—慢的节奏进行练习。

快速跳绳练习：

①单足快速变速跳练习。

② 1 分钟快速移动跳练习。

快速挥臂练习：
①前臂屈伸快速挥拍练习。
②前臂体侧前后摆动挥拍练习。
③手腕前屈后伸快速持续挥拍练习。
④手腕快速绕 8 字挥拍练习。
⑤快速抽球挥拍练习。
⑥快速连续杀球挥拍练习。
击墙壁球练习：
①封网动作快速击球练习。
②接杀球击球练习。
多球练习：
①多球前场快速接吊、杀球练习。
②快速封网练习。
③快速击打全场球练习。

（三）耐力素质训练

耐力是长时间持续运动的能力，包括坚持一定负荷活动的能力、抗疲劳能力以及出现疲劳后机体快速恢复的能力。羽毛球运动的供能特点和运动负荷特点对羽毛球运动员的耐力尤其是速度耐力提出了很高的要求，羽毛球选手在整个比赛过程中都要持续快速运动，因而必须具有良好的速度耐力。为提升羽毛球运动员持续快速运动的能力，在羽毛球体能训练中要加强对专项速度耐力的训练。

1. 耐力素质训练原则

在羽毛球运动员的耐力训练中，有氧耐力的训练非常重要，这方面的训练又包括供氧能力的训练和氧利用能力的训练两大内容，有氧耐力的这两项内容既相对独立，又密切联系，既有共性，又有个性，在各自的训练中要坚持相应的原则和要求。

（1）供氧能力训练原则

人体心血管机能水平和肺功能决定了供氧能力的强弱。在供氧能力训练中，关于运动强度的安排应以“有氧阈”（机体在负荷递增的练习中有氧代谢的最高水平）强度为宜，理论研究和实践均证明这是最佳强度。为达到这一强度要求，在供氧能力训练中，心肺的供氧机能应得到充分的刺激，而且当机体内环境发生紊乱时依然不能停止运动。

（2）氧利用能力训练原则

氧利用能力训练中，以“无氧阈”强度为主。以“无氧阈”强度为主的训练有一定的难度，因此常常在优秀运动员的体能训练中来安排，以促进运动员氧利用能力的提升。

针对羽毛球运动员的专项有氧耐力训练，在不同阶段要有不同的侧重，一般规律是在少儿阶段主要训练运动员的供氧能力，突尖阶段主要训练运动员的氧利用能力。

2. 耐力素质训练方法

（1）综合步法练习

①按教练员手势进行各种步法练习。

②场地前后跑练习，控制练习强度和密度。

③场地左右跑练习，将负荷量控制好。

④短距离往返跑练习。

以上练习要保证总练习时间和总练习量达到一定的要求，以有效提升速度耐力。

（2）速度耐力练习

①跑步、步法练习

200 米、300 米或 400 米全力冲跑后，立刻进行 45 秒或是 1 分钟全场步法练习，都完成为一组。完成 2 组、3 组、5 组不等的负荷练习，组间间歇 2 ~ 3 分钟。

②长时间跳绳练习

单足跳绳与双足跳绳结合起来，练习负荷逐渐加大。

（3）多球耐力练习

①运用多球进行全场各种位置的连续击球练习。

②多球连续被动接吊杀练习。

③多球全场跑练习。

④多球全场封杀球练习。

（4）单打攻防练习

用多球进行单打练习，专门安排一人捡球，出现失误时立即再发球，使练习者不间断地连续移动击球。

（四）柔韧素质训练

人体各关节肌肉和韧带本身具有一定的弹性，这些组织在人体活动时依赖本身的弹性向不同方向做不同程度的伸展，这里所说的弹性、伸展程度都是柔韧素质的表现。柔韧性的强弱对身体协调能力的好坏有直接影响，对人体活动中各项技术动作的完成质量也有重要影响。柔韧素质好的运动员，身体协调能力强，能够动员身体各部位肌肉协调完成技术动作，动作速度较快，质量较好。同时，柔韧性能好的运动员，因为关节可以大幅度活动，肌肉和韧带可以很好地伸展，因而完成动作时不仅技术质量高，而且发生损伤的概率小，能有效预防损伤。

在羽毛球体能训练中，要将柔韧练习放在热身活动之后，从而使身体各部位韧带充分伸展，同时起到预防韧带损伤的作用。力量素质和柔韧素质结合起来训练也是比较常见的一种训练方式，在肌肉力量训练之后，肌肉疲劳，弹性和柔性减弱，变得僵硬无比，此时可以进行简单的柔韧性练习，拉长肌肉韧带，改善肌肉疲劳状态，有效恢复肌肉弹性和功能。

牵拉练习是柔韧性训练的主要方式，通过牵拉肌肉，不仅能改善肌肉的弹性和灵敏性，还能使运动感受器更加敏感，促进运动感知觉能力的提升，进而促进应激能力的改善。

1. 柔韧素质训练原则

（1）科学拉伸原则

羽毛球运动员柔韧素质的训练以拉伸练习为主，拉伸练习的关键在于对拉伸时间的合理控制。每个练习的拉伸时间最长持续 60 秒。对增加肌肉弹性和柔性有益的拉伸时间是 10 ~ 15 秒，从肌腹到肌腱的拉伸练习需要 30 秒左右，但是要拉伸重点部位的韧带、肌腱以及筋膜时，时间要稍长一些，但不宜超过 90 秒。如果拉伸时间过长，肌肉会产生紧绷感，也就是生理学所说的“牵张反射”，这是人体下意识保护肌肉的一种生理现象。

肌肉拉伸练习中要防止拉伸时间过久，如果拉伸过度，则可能造成肌肉损伤，影响肌肉的弹性与灵活性。

（2）循序渐进原则

柔韧素质的改善与提升不是一朝一夕就能实现的，必须坚持系统性、阶段性训练，持之以恒，循序渐进，才能逐步改善机体柔韧性。羽毛球运动员在柔韧素质训练中，练习内容、练习难度都应该逐步增加，不能急于求成。

柔韧素质训练具有练习强度较低的特征，羽毛球运动员的柔韧训练和力量、速度、耐力等身体素质训练相比，练习强度确实比较低，一般以最大拉伸幅度 30% ~ 40% 为宜，这种低强度的拉伸练习被称为微拉伸。

微拉伸以牵拉组织细胞为主，能够使肌组织与结缔组织变得更加柔软。当运动员在训练中发生轻微损伤时，可以采用微拉伸的运动康复手段来恢复受损组织，促进组织再生，尽可能将结缔组织损伤对肌原纤维的不利影响降到最低。

（3）练习频率适宜原则

羽毛球运动员若要采取牵拉练习来提升自己的柔韧性，那么至少要保证每天两次拉伸练习的频率，每次拉伸练习中，要保证每个肌群的牵拉次数不少于 3 次。只有保证练习频率，积累练习量，才能使中枢神经系统与肌肉的联系更加紧密，使二者更加和谐。

2. 柔韧素质训练方法

（1）上肢柔韧性训练

①手腕绕环

手腕做屈伸、外展、内收等动作，沿顺时针 / 逆时针转动绕环练习。

②绕肩

两手举到头顶，以直臂或屈臂姿势向前绕臂，再向后绕臂，如此快速向前、向后做绕肩练习。

（2）下肢柔韧性训练

①拉跟腱练习

脚掌立靠墙壁，身体重心靠向墙壁方向，坚持 30 秒，重复练习。

②弓箭步跨步练习

以弓箭步步法进行跨步练习，50 米为一组。

（五）协调素质训练

协调素质是综合性运动素质，综合反映了人体各种身体素质和运动能力。协调素质的好坏受诸多因素的影响，如人体机能水平、基本运动素质水平、技能储备量以及心理素质等。运动技术的形成以良好的协调能力为基础。协调性好的运动员，在运动技能练习中能够对动作的空间、时间、节奏等要素及其内在联系有准确的把握，身体各部位能够根据运动需要而精确协调配合，从而快速掌握运动技能，并不断强化提高。因此，在羽毛球运动员体能训练中要重视对协调能力的训练，将协调素质作为主要内容之一进行常态化、系统性训练。

1. 协调素质训练原则

（1）以身体素质协调发展为基础的原则

作为一项综合素质，协调素质的培养要建立在力量强、速度快、柔韧性好的基础之上，要以这些运动素质的协调发展为基础。在协调性训练中，要综合发展各项体能素质，从运动员身体素质的特征、优势、缺陷、个体差异等实际情况出发进行具有针对性的训练，以形成体能优势，弥补发展落后的身体素质，促进体能素质的协调发展。

（2）克服不合理肌肉紧张的原则

在羽毛球运动中，不管完成哪个技术动作，都需要大脑皮层支配肌肉合理交替运动和相互协调运动。在肌肉运动过程中，有紧张的肌肉，也有放松的肌肉，不同状态的肌肉是交替工作的，紧张的肌肉经过紧张的工作后要适当放松，放松的肌肉得到放松后又要重新开始紧张，如此才能使动作更加精确、协调。

在羽毛球运动员协调素质的训练和协调能力的培养中，运动员要努力克服自身不合理的肌肉紧张。肌肉过于紧张常常是由下列几方面的原因造成的。

第一，机体在非运动状态下，肌肉也处于紧张状态。

第二，肌肉紧张收缩之后，放松不及时，肌肉从紧张过渡到收缩的时间较长。

第三，肌肉因长时间工作或受到大负荷的刺激而造成过度疲劳。

第四，神经和心理高度紧张，精神状态不够放松等。

为克服不合理的肌肉紧张，需加强肌肉放松能力的培养，方法可参考提升意识法、自我暗示练习法、位移性练习法、专门放松练习等。

（3）方法多样性原则

在羽毛球协调素质训练中，要从运动员的基础运动素质现状、协调性培养需求等方面出发来设计与选用科学合理的、丰富多彩的协调训练法。选择协调素质训练方法也要对训练环境予以考虑，将模仿训练和有球训练、徒手训练和器械训练等结合起来，训练方式丰富多样，也可以将各种单一的练习方式灵活组合起来，保证练习的数量、强度和质量。

在协调性训练方法的设计与选择中，注重竞赛训练法、游戏训练法等趣味训练法和实战训练法的实施，从而活跃训练氛围，有效提升运动员训练的积极性。

（4）结合专项需要的原则

良好的协调能力是完成羽毛球技术动作的前提条件，这里所说的协调能力本身具有多项与羽毛球专项技战术性质密切相关的特征，如正确性、快速性、应变性、和谐性等。羽毛球运动员在专项体能训练阶段，要根据羽毛球专项的特征与要求培养协调力，将能够突出专项特征的协调能力作为重点培养内容，从而通过提升专项协调能力而促进羽毛球运动员技战术水平的进一步提高。

2. 协调素质训练方法

（1）渐进训练法

渐进练习法就是循序渐进地实施协调能力的训练内容和训练方法，练习难度逐渐增加，逐步稳定地提高运动员的适应力和协调能力。具体操作时，先练习简单反应能力，再过渡到选择反应能力；先练习单个动作，再向组合动作练习过渡。

（2）平衡训练法

平衡力与协调素质密不可分。人体姿态静力性反射能力和自由调节能力以及内感觉矫正能力对平衡能力的高低有决定性影响，其中内感觉矫正能力也是协调能力发展中不可缺少的一项生理机制。采用平衡练习法时，先进行失衡练习，再训练保持平衡的能力。为增加练习的趣味性，可以让练习者旋转几圈后停下来尽力保持静态姿势，从而有效提升身体的平衡力。

（3）变换训练法

在其他体能素质的训练中，在不违背训练原则和训练目标的前提下，对练习方式、动作方向、动作力量、动作速度、动作节奏等要素不断进行变换与调整，使练习动作由简单到复杂，使训练条件与环境更加艰难、复杂，这种情况下不仅能够提升正在训练的体能素质，还能够使运动员的协调能力、应变能力得到有效锻炼和提升。

二、大学生羽毛球运动员心理训练方法

（一）动机激发法

大学生运动员在羽毛球训练和比赛中的良好表现离不开正确动机的内在驱动。在训练和比赛前可以采用动机激发的方法调节大学生的心理，引导其树立顽强拼搏、为国争光、集体荣誉、勇者必胜等正确观念，将注意力高度指向正确的方向和理想目标上。此外，运动员要正确对待成败，在训练和比赛中要拼尽全力，不管结果如何，都要不留遗憾。

（二）表象训练法

表象训练法是指运动员有意识地在头脑中重现某种动作、技术或者运动情景，从而提高运动技能、增强心理调控能力的过程。

一个完整的表象训练过程主要包含以下四个程序。

（1）表象知识介绍。要求运动员充分了解运动表象，掌握其特点和作用等内容。

（2）表象能力测定。通过设置规定情景，对运动员的表象能力进行测定，从听觉、视觉等感觉的清晰性，情绪体验的深度，表象的控制能力等角度设置表象能力的等级，确定运动员的表象能力等级；根据其表象能力设定表象训练的目标和任务，制定表象训练的计划。

（3）基础表象训练。基础表象训练的目的是提高基础表象能力，为发展专项表象能力奠定基础，主要训练内容为提高感觉觉察能力训练、提高表象清晰性训练、提高表象控制性训练等，这是整个表象训练中最重要的一个程序。

（三）放松训练法

在心理素质训练中，放松训练较为常用。渐进性放松法是放松训练的重要方式之一。渐进性放松法是指利用一定的方法和程序，使练习者的肌肉从局部到整体完全放松，进而消除其紧张心理，使其达到心理上放松的心理训练方法。渐进性放松法遵循一定的步骤，其肌肉训练顺序

为上肢、肩、头部、颈、胸、腹、臀、下肢、脚，训练内容为先利用一定的引导语让各部位的肌肉紧张起来，再利用引导语让各部位的肌肉放松下来，练习者在这个过程中必须认真体会肌肉紧张和放松的各种状态，进而实现心理放松的目的。

1. 准备姿势

练习者以最舒适的姿势放松坐在椅子上。

2. 训练过程

认真倾听下面的提示语，根据提示语的要求做相应的变化(注："……"代表5秒钟的停顿)。

自然轻闭双眼，深呼吸三次……

紧握左手，紧握……认真感受左手的感觉……松开左手，放松……

再次紧握左手，认真感受这种紧张状态……再次紧握……松开左手，放松，想象左手受到的压力正在从手指上慢慢消失……

现在将右手紧紧握成拳头，握拳的同时感受手掌、手指、手臂的紧张状态……然后慢慢放松……

再次紧握右手，感受紧张状态……慢慢放松……

左手紧握，同时弯曲左臂，使二头肌紧张起来，保持这种状态……放松下来，想象这种紧张感从手臂慢慢流向手指，再慢慢从手指消失……

右手紧握，同时弯曲右臂，使二头肌紧张起来，保持这种状态……放松下来，想象这种紧张感从手臂慢慢流向手指，再慢慢从手指消失……

双手紧紧握成拳头，双臂弯曲起来，使双臂的二头肌都紧张起来，感受这种紧张……慢慢放松下来，想象紧张感从手臂慢慢流出，再慢慢从手指流出去……

用力皱眉，同时用力紧闭双眼，使额头和双眼紧张起来……现在放松，感受放松的感觉流过双眼……继续放松……

双唇紧闭，上下颌用力闭合在一起……现在慢慢放松下来……

现在，皱眉，用力闭眼，双唇紧闭，上下颌用力闭合在一起，抬高下巴，拉紧颈部的肌肉，体会这种紧张状态……现在慢慢放松下来，并认真体会这种放松的感觉……

用力向前耸肩，尽量将背部的肌肉向前拉，使背部的肌肉紧张起来，保持这种状态……好，现在慢慢放松下来，感受背部慢慢松弛下来……

再重复一次刚才的动作，同时用力收腹，使腹部肌肉紧张起来，保持这种状态……现在慢慢放松……

将肩背部动作和腹部动作结合起来再做一次，感受背部肌肉和腹部的肌肉被拉紧，保持这种状态，认真体会……现在慢慢放松……

现在，我们来进行一次系统练习。首先，做3次深呼吸……双手紧握成拳头，屈起双臂，使二头肌紧张起来，紧闭双眼，用力皱眉，抬起下巴，双唇紧紧闭上，上下颌紧紧咬合在一起，向前耸肩，用力收紧腹部，完成上述所有要求，现在保持这种状态，感受身体各个部位所受到的紧张感……现在深呼吸，慢慢将气吐出来，同时身体各个部位全都放松下来，感受所有的紧张感慢慢从身体上消失……想象紧张感从身体的各个部位流出，放松，放松下来……

现在我们来做腿部的练习，将左脚脚跟靠近椅子，使劲下压脚跟，同时将前脚掌竖起，用力绷紧小腿和大腿的肌肉，感受小腿和大腿正在用力……好，现在慢慢放松下来……

再来做一次上面的练习，左脚脚跟用力下压，前脚掌抬起，小腿和大腿肌肉用力绷紧，感受肌肉的用力……放松下来……

现在将右脚脚跟靠近椅子，用力下压，前脚掌向上抬起，用力绷紧小腿和大腿的肌肉，感受腿部的用力……现在放松下来……

双脚脚跟都向椅子靠近，用力下压脚跟，双腿肌肉用力绷紧，感受这种紧张状态……好，现在慢慢放松下来……

现在，做3次深呼吸……然后来把上面的练习系统性地做一遍，按照双手、双臂、前额、双眼、下颌、颈部、双唇、肩膀、背部、腹部、双腿的顺序，依据上面的练习方法，使这些部位的肌肉都紧张起来，认真感受这种紧张状态……然后慢慢放松下来，使所有部位的肌肉都慢慢松弛下来……现在继续深呼吸3次，然后再将上面的练习重复一次，先紧张起来……然后慢慢放松……现在开始进行正常的呼吸，想象自己全身的肌肉都处于完全放松的状态，尽情享受这种放松。

（四）系统脱敏训练法

系统脱敏训练法是一种以渐进方式克服神经征焦虑的技术。其基本的操作原理是：当人的精神逐渐适应某种刺激，对其的反应就不再敏感，机体也不再会因为精神受到刺激而进入紧张状态。

一般来说，系统脱敏训练主要包括以下程序。

1. 制定等级反应表

了解能够引起恐怖或者焦虑情绪的刺激，对这些刺激进行等级划分，并制作成等级表。

2. 放松训练

进行放松练习，每次进行 6 ~ 10 次练习，练习的持续时间在 30 分钟左右；每天找 1 ~ 2 个时间段进行练习，目标是放松全身肌肉。

3. 分级脱敏训练

（1）放松。可以采用放松训练法展开这一步骤。

（2）想象脱敏训练这一步骤是指由引导者叙述能够对练习者产生恐怖或者焦虑刺激的场景，练习者想象引导者叙述的场景并逐渐适应场景的训练。

需要注意的是，这一练习需要在安静的环境中进行，每次练习持续的时间需要在 1 小时以上才算有效。同时，练习者还必须清晰地想象场景，不能逃避。引导者根据刺激的等级由低到高进行叙述，中途如果练习者出现无法忍受的状况，则退回到刺激等级较低的练习中重复练习，直到练习者能够接受更高等级的刺激。训练时间保持在 4 个小时以内为宜。

（3）适应训练。适应训练是指由最低等级开始到最高等级结束，练习者进行适应所有等级刺激的训练，并逐渐实现完全的心理适应。这一训练对于改善运动员的心理品质具有重要的意义。

一般情况下，在适应训练中，针对每个等级的刺激的训练都要重复多次，直到对这个等级的刺激完全不敏感为止。适应训练的频率为每周 1 ~ 2 次，每次训练持续的时间在半个小时左右。当然，每一名运动员的情况都是不同的，可以结合自身的具体实际合理地调整。

（五）健全人格培养法

1. 运动员健全人格的基本知识

健全人格是指人格和谐、全面、健康地发展，是与社会环境相适应，为其他社会成员所接受而又充分展现主体个性特征的人格模式。[①]

运动员健全人格是指运动员具有乐观向上的生活态度、良好的情绪控制能力、顽强拼搏的意志品质、良好的社会适应能力、和谐的人际关系以及良好的竞技体育创新能力。运动员的健全人格是通过素质教育的有效途径培养出来的。[②]

运动员健全人格的特征如下。

（1）客观认知自我

运动员具有良好的自我认知能力，全面了解自己，乐于接纳现在的自己。

（2）体育知识丰富

运动员的体育知识丰富、文化知识水平高是其拥有健全人格的基本条件。随着竞技体育的不断发展，对运动员的知识和智力提出了越来越高的要求，运动员努力学习知识，充实自我，有助于提高运动表现水平。

（3）建立良好协作关系

运动员的人格是否健康、健全，从其人际关系中就能体现出来。人格健全的运动员喜欢和别人交流、沟通，宽容待人，有集体意识，有集体主义情感和荣誉观，希望自己和集体共同进步与成长。

（4）有进取心和创新精神

有健全人格的运动员执着追求自己的运动事业，有成为世界优秀运动员的美好理想，有良好的创新思维，喜欢独立思考问题，能够独立解决问题，对他人没有太多的依赖。思考问题时头脑灵活，思维活跃，能够从训练和比赛实际出发对训练和备赛方案进行调整，在训练和比赛后善于总结经验教训。

（5）人生态度积极乐观

社会个体在复杂的社会环境中能否获得提高生活质量的本质力量，

---

① 张力为，毛志雄．运动心理学[M].上海：华东师范大学出版社，2003.

② 彭亦兵．优秀运动员素质教育导论[M].哈尔滨：哈尔滨工程大学出版社，2008.

主要看其人生态度是否积极乐观。生活积极向上、乐观豁达的运动员喜欢自己的运动事业，参加训练和比赛的兴趣及积极性很高，对待队友总是很友好，乐观看待自己身边的人和事，对未来满怀信心，有美好的憧憬。这种人生态度对运动员的各个方面都有积极影响，能够使运动员发现生活的乐趣和意义。可以说在运动员健康人格模式的各种品质中，最重要的就是人生态度积极乐观，这个品质能够使运动员不断完善，不断取得更高的发展成就。

（6）心理素质良好

运动员人格健全，适应能力强，意志力顽强，对运动训练和比赛中的是是非非能够作出准确的判断，对生活中的美与丑、善与恶也能明确分辨，不管是生活中的心理素质还是运动中的心理素质都非常好，对待训练和比赛总是积极乐观，愉快地参加训练和比赛，直面运动生涯中的挫折，积极应对困难，灵活化解生活和运动中的难题，懂得采取适宜的方式释放压力，从容面对比赛中的竞争。

运动员在日常生活、运动训练以及体育比赛中的行为表现都带有自己的人格特征，运动员自身的人格对其行为表现有很大的影响，而且这种影响与其所处的生活、训练或比赛情境有直接的关系。运动员人格特征与其所处的运动情境的交互作用决定了其人格对运动表现的影响程度。图 4-6 直观说明了这种交互作用的关系。

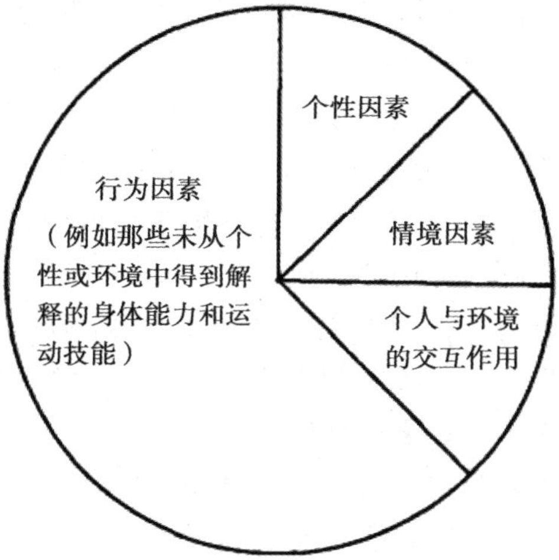

图 4-6　运动员人格和运动情境对运动员运动表现的影响[①]

① 张力为，毛志雄．运动心理学[M]．上海：华东师范大学出版社，2003.

高水平运动员的人格特征很接近，他们的共性是偏于外向，表现出很高的活力，不易疲劳，焦虑、紧张、神经质、气愤等负面心理少。他们的这些人格特点说明了高水平运动员的人格健全度高，心理健康水平也高。

2. 大学生羽毛球运动员人格的培养与健全方法

（1）加强人文素质教育

培养大学生羽毛球运动员的健康人格，首先要加强人文素质教育，对运动员的价值、尊严多给予关注，以人为本，注重人文关怀，重视教育和感化，提高运动员的自我人格意识。培养人文精神是运动员自我发展的需要，人文精神是运动员追求奥林匹克目标和期望成为顶尖运动员所需要的重要品质。培养优秀的运动员，要从文化教育、体育教育、体育训练等各个方面把好关，要将人文素质教育融入文化教育、体育教育和运动训练中，将人文素质教育作为文化教育的重要内容，陶冶与培养运动员的人文精神，使运动员主动追求健康、文明和充满活力的生活方式和运动方式。在人文素质教育中，要引导大学生运动员坚持自己的体育理想，保持基本的职业操守，对其健康的运动人格进行塑造。

除了要对运动员进行专门的人文素质教育外，还要注重人文教育与运动训练的相互渗透，打破传统运动训练的局限，注重渗透式教育，从而有效提升运动员的人格素养，促进运动员人格与运动能力的共同发展。

（2）为人格缺陷者提供专业心理辅导

羽毛球教练员要对人格有缺陷的大学生运动员给予更多的关注和关心，要请专业人员为其提供心理辅导，从专业角度开导运动员。通过提供心理辅导，要达到下面两个目的。

第一，使运动员对自己的不健康人格有清楚的认识，了解人格缺陷对生活、学习、训练及比赛造成的不良影响，从而使其自觉进行自我心理疏导，摆脱不健康心理因素的影响。

第二，通过心理辅导和有目的性的心理训练，促进运动员心理素质的改善和健康水平的提升，自觉用积极健康的人格因素来抵消不良人格因素，逐渐消除人格缺陷，达到人格健全和全面健康的目的。

第四节　大学生羽毛球运动员技术与战术训练

一、大学生羽毛球运动员技术训练

（一）握拍技术练习

1. 徒手挥拍练习

徒手做正手击球或反手击球的挥拍动作，要求做好相应的正手握拍动作与反手握拍动作的转换。

2. 对墙击球练习

持拍于身前，两膝稍弯曲，连续从稍右侧下方用正手或从稍左侧下方用反手向前上方的墙上击球。练习时要求正确使用正、反手握拍动作，手指、手腕在击球前放松，击球一刹那握紧，注意拍面方向，击球托的下部。

3. 持拍颠球练习

练习者用正手或反手握拍法持拍在身前，拍面对准球托底部，向上击球。练习时主要按照以下步骤进行。

（1）原地正、反手持拍颠球

要求次数越多越好，力量由轻到重，高度由低到高，逐步学会控制拍面方向，尽量在原地颠球。

（2）正、反手交换颠球

练习者对正、反手握拍动作比较熟练以后，要求持拍颠球时正、反手交替使用，注意两种握拍动作的转换，击球次数越多越好。

（3）行进间持拍颠球

在熟练原地颠球的基础上，练习者向前练习行进颠球。可先采用一种握拍动作进行，逐步过渡到交替使用正、反手握拍动作。要求手指、手腕放松，控制拍面方向，熟悉球感。

（4）行进间持拍颠球穿越障碍

在行进间持拍颠球的基础上，让练习者越过障碍物，如钻过球网，但不得停止颠球，保持练习的连续性。要求控制好拍面，同时在越过球网时，适当加大击球力量，保证有足够的时间钻过球网，继续击球。

（二）发球技术练习

1. 徒手挥拍练习

左肩侧对前方，两脚以与肩同宽的距离前后开立，左脚在前，脚尖向前，右脚在后，脚尖稍向右侧转，右脚支撑重心。准备发球时，右手持拍向右后侧举起，微屈肘，左手虚拟持球于腹部右前方。练习时，左手先放球，同时右手上臂带动前臂，自右后方随转体向左前方挥拍，同时前移重心；当球拍挥至右前下方球的下落处时，前臂由下向前上方挥动并急速内旋，带动手腕由伸展至微屈，闪动手腕，将球拍握紧快速击球，然后持拍臂随动作惯性自然向左上方挥动。

2. 击固定球练习

用绳子吊起一只羽毛球，将球控制在距离地面 30 ~ 40 厘米的高度，练习者站在球的左后方，保证练习者持球拍在右前下方可击中球。练习者进行规范的发球练习，击球后手臂随惯性随挥。

3. 完整发球练习

在发球场区中线距离发球线约 1 米左右的位置站立，采用正手发高远球的技术方法向对角线场区进行发球练习。

4. 轻击球练习

练习正手发高远球，在此基础上减小挥拍的动作幅度，主要靠前臂和手腕带动挥拍，削弱击球力量，球击出后，对球拍的挥动进行控制。

5. 反手发网前球练习

选择站在前发球线后 10 ~ 15 厘米及中线附近，面向球网，两脚前后开立（左脚在前，右脚在后或左脚在后，右脚在前），上体稍前倾，前脚支撑身体重心。右手臂屈肘，用反手握拍，将拍头向下，手腕稍前屈，拍面在身体左侧腰下。左手拇指与食指、中指捏住球的二三根羽毛，球托朝下，球体或球托在球拍前对准拍面，用前臂带动手腕朝前推送或横切。

6. 限高、限远发球练习

在球网上方 30 厘米处拉一条标志线，在对方前发球线后大约 50 ~ 60 厘米处同样放一条标志线，要求练习者采用规范的发球动作将球发在指定范围。

（三）接发球技术练习

1. 挥拍练习

将技术动作放慢，模仿接发球动作，体会其中规律。模拟正常接发球技术动作，进行完整接发球动作的挥拍练习。

2. 反应和起动速度练习

练习者成原地准备姿势，在听到指导者用语言发出的或看到指导者用手势做出的信号后，立即起动冲刺，后退或左、右移动。注意力集中，准备姿势正确，重心落在前脚掌上，听到或看到信号后，迅速作出反应（重心移动），并快速移动。

3. 接抛球练习

练习者做好准备姿势，指导者用手将球抛至球场的 4 个角，要求练习者向球的方向做步法移动，可以先近后远，要求用手击球，也可以加上一些假动作，提高练习者的反应能力。起动要快，步法运用合理，尽量用 2 ~ 3 步移动到位；要求碰到球以后，快速地回到中心位置，再接下一个球。

4. 多球接发球练习

（1）多球固定接发球练习。
（2）多球不定点接发球练习。
（3）设定接发球区域的练习。

5. 发球与接发球对抗练习

（1）增加接发球对立面的发球练习。
（2）发球、接发球的前三拍记分比赛练习。
（3）强化接发球练习等。

（四）基本步法练习

1. 分解步法练习

把羽毛球的步法分解成单一运动方向的步法来练习，练习手段如下。
（1）正、反手上网步法练习。
（2）正、反手接杀步法练习。
（3）正手后退击球步法练习。
（4）头顶后退击球步法练习。
（5）后场反拍击球步法练习。
（6）杀上前（前后场连贯步法）练习。

2. 结合击球动作的练习

结合击球动作进行羽毛球步法练习，可以进一步提高练习的实效性。具体方式如下。

（1）固定移动路线的步法练习

将移动路线固定好，熟悉单个步法的跑动路线。例如，从中心位置开始，先后退至正手底线，然后回中心，再上右网前，再回中心位置，如此连续不断地进行练习。

（2）不固定移动路线的步法练习

这一练习需在固定移动路线步法练习的基础上进行，即在练习者熟练了上一练习之后，才可进行这一练习。由一人指挥，练习者跟着指挥者的手势在全场进行综合步法练习。

练习时需注意，不论是自练还是按指导员指示练习，都要避免惯性机械地移动步子，而应多加入一些没有规律的重复跑动动作，从而更好地与实战结合。

（3）回击多球步法练习

陪练者向练习者的前后左右场区不断发球，迫使练习者通过各自移动步法迎击来球，从而提高步法熟练度及手法熟练度，增加练习密度，提高练习效果。

（五）击球技术练习

1. 前场击球技术练习

（1）徒手练习

徒手模仿各种网前技术的练习。

（2）一球练习

①两人一球，隔网站立做搓、放、勾球的练习。

②两人一球，隔网利用搓、放、勾、扑球技术进行比赛练习。

（3）多球练习

①两人一组，隔网相对而立，一人负责抛球，另一人做搓球、推球练习。互换角色继续练习。

②两人做行进间上网搓球、推球、放球的练习。

③两人一组做勾对角、挑高球的练习。

2. 中场击球技术练习

（1）徒手挥拍练习或多球练习。

（2）练习握拍的灵活性。根据不同来球，用手腕、手指对球的力量、角度和方向进行控制。

（3）以肘为轴，以前臂带动手腕做小幅度的快速挥拍练习，体会恰当的击球时机。

（4）进行多球专门练习，促进控球能力的提高。

3. 后场击球技术练习

(1)徒手练习

徒手模仿高远球及平高球、吊球、杀球技术的挥拍动作。

(2)固定线路练习

两人用一球进行对打练习。

①对打高远球、平高球斜线的练习。

②对打直线高远球、平高球的练习。

③对打高远球,两拍直线,一拍斜线的练习。

(3)多球练习

多球练习方法如下。

①两人一组,一人发后场高远球,一人回击后场高远球及直线、斜线平高球练习。交换角色继续进行练习。

②两人一组,一人发后场高远球,一人后场吊直线、斜线,突出吊球练习。交换角色继续进行练习。

③两人一组,一人发中后场高球,另一人扣杀球直线练习。交换角色继续进行练习。

二、大学生羽毛球运动员战术训练

(一)遵循羽毛球战术的选择与实施原则

羽毛球战术包括单打战术、双打战术,单、双打战术中又有进攻战术和防守战术。羽毛球攻守战术内容丰富,形式多样,在比赛中要合理选用与科学实施,最大限度地发挥各项战术的功能与作用,从而达到制衡对方、争取主动、得分获胜的目的。为保证战术选用的合理性与实施的有效性,大学生羽毛球运动员在羽毛球赛事中运用战术要遵循以下原则。

1. 坚定战术意识原则

战术意识是羽毛球运动员对客观存在的战术活动的人脑反映,是一种完整而高级的心理形式,它形成于战术活动中。羽毛球运动员在比赛中选用战术，首先必须坚定战术意识，贯彻这一原则具有以下重要意义。

第一，保证运动员在激烈的控制与反控制过程中明确自己的行动，清楚战术目的、战术运用时机，对战术完成的过程进行预估，并对战术实施中的行为偏差予以修正等。

第二，坚定战术意识，通过持久的战术意识来维持战术行动的稳定性，使运动员即使在身体疲劳的情况下依然有清醒的战术意识，依然能坚持对抗，控制对方。

第三，羽毛球比赛时间较长，在高水平的比赛中，双方势均力敌，比赛过程更是漫长，在这个过程中会有诸多因素对战术行动效果造成影响，阶段性战术失灵的现象是比较常见的，如果运动员缺乏坚定的战术意识，当其面对战术失灵时可能会对战术设计产生怀疑，或着急调整战术，从而导致战术混乱，陷入被动局面，造成比赛失利的后果。

总之，大学生羽毛球运动员必须拥有坚定的战术意识，这是其采取战术行动的基本前提。

2. 针对性原则

羽毛球运动员在比赛中对各种战术方法的合理选用需要参考诸多主客观因素，如比赛环境，双方的身心素质、打法风格、技术水平等，在综合考虑这些影响因素的基础上对适宜的、具有针对性的战术方案做出合理的选用，达到扬长避短的效果。

在羽毛球比赛中科学贯彻针对性原则来选用和实施战术，要注意以下几点要求。

第一，从双方身体素质水平出发进行选择，战术的选择与双方身材大小、体能强弱等因素有关。例如，身材高大、肌肉力量强的选手适合在后场采用下压战术，具有很强的攻击性；身材较小，但灵敏性和协调性好的选手适合采用守中反攻战术；等等。

第二，从双方心理素质、性格特征出发进行选择。个人的技术风格、战术习惯往往受自身性格的影响，如性格外向的选手采用全攻型战术打法是比较合适的。

第三，从双方技术水平出发进行选择。战术的执行是以丰富的技术动作为基础的，技术全面是灵活实施多样化战术的前提。因此双方技术水平是采取战术行动时必须考虑的主要因素之一。

运动员对各种专门战术的选用受到上述诸多主客观因素的影响，而且这些因素的影响不是孤立单一的，也不是完全绝对的。这些因素之间互为补充，因此要综合考虑多方面的因素才能确保战术选用的合理性与实施的有效性。

3. 灵活性原则

羽毛球比赛竞争激烈，赛况瞬息万变，不确定的随机性因素有很多，选手要能够根据不断变化的场上情况灵活选择与实施战术。在比赛前，大学生运动员必须做好战术的常规准备，以便在正式比赛中能够根据不同的情况及时灵活地采用。应对不同的比赛局面不能采用固定单一的战术打法模式，要不拘一格，灵活应变，只有在结合实际的基础上求新、求变，才能获得良好的战术效果。

在羽毛球比赛中根据比赛情况实施羽毛球既定战术时，也要从实际出发来局部调整战术，必要时要做出很大的调整与更替。因为比赛中常常出现一些意料之外的情况，所以在不破坏战术规律的前提下对战术打法方式进行适当调整是很有必要的，这是运动员良好战术应变能力的体现。

总之，羽毛球运动员在比赛中要善于从千变万化的战局形势出发，对比赛情况进行综合分析，在战术的运用上做到灵活调整与适时变化，从而使对手陷入“被动接招”的局面。

4. 以我为主原则

大学生在羽毛球比赛中不管实施哪项战术，都要贯彻以我为主的基本原则。在比赛前，要根据对赛事、自己及对手的综合分析制定备用战术方案，在比赛中根据实际情况落实方案，当出现战术失误时，不要盲目怀疑既定战术，更不要随意改变方案，要冷静应对，先局部调整，充分展现自己的打法风格与特色，发挥自身优势，不要因为轻易更改在长期训练中形成的战术打法风格而导致优势丧失，陷入被动。

5. 实效性原则

实施任何一项战术，都要考虑它的实效性，要懂得权衡利弊，保证比赛效果。例如，如果两种羽毛球战术方法在相同条件下能达到相同的效果，那么要将自己更能够把握和有效完成的战术方法作为首选。再如，当两种战术方法难度系数相同时，则选择对自己更有利的战术方法。权衡利弊的目的在于追求比赛的实际效果。

（二）培养大学生的羽毛球战术意识

1. 羽毛球运动员战术意识的表现

羽毛球运动员的战术意识主要从实战中体现出来，良好的战术意识具体从以下几方面得以体现。

第一，能够对对方使用击球技术的战术意图做出预判，在行动上不易被假动作诱骗。

第二，能够在分清主动地位和被动地位的前提下准确击球，能够根据主、被动局面采取行动，认识到自己处于主动一方时，积极进攻，认识到自己处于被动局面时，认真防守，也就是该进攻时进攻，该防守时防守，而且善于采用过渡性技术去转守为攻。

第三，随着实战经验的积累，能够对对方的战术意图准确预判，了解对方在不同比分情况下会采用何种战术。

第四，随着比赛经验的丰富，能够对对方的技战术优势、不足进行客观而准确的分析，并能以己之长攻彼之短。

第五，对同伴的战术意图、行动规律能准确预见，并能主动配合同伴完成战术行动。

第六，能够通过假动作诱使对方错误判断自己将要采用的技战术，当对方根据错误判断采取应对策略后，我方能够以出其不意的行动取得良好的战术效果。

第七，能够对教练员制定的战术方案准确理解，并对教练员的战术意图有充分的领会，在比赛场上灵活运用战术。

2. 羽毛球运动员战术意识的特点

（1）进攻主动、防守积极

大学生羽毛球运动员要有强烈的进攻意识，善于主动进攻，果断出击，不犹豫不决浪费时间，但切忌盲目进攻。强烈的进攻意识与求胜欲、表现欲和进取心是密不可分的，有进取心的运动员往往对自己要求很高，追求长远目标，有坚持不懈的意志品质和突破创新的精神品质。

进攻与防守密不可分，当一方猛烈进攻时，另一方必须积极防守，不能消极怠战，而且攻与守转换迅速，运动员必须尽快适应角色转换。防守不是一味消极被动，而应积极主动，伺机转守为攻，改变被动局面。

（2）攻守都有目的性

运动员在羽毛球比赛中的任何行动都是有目的的，都是为了达到预期的战术"目的"，如使对手移到其他位置，消耗对手体力等，运动员的战术思维参与了其制定战术目的和实施战术的整个过程。运动员战术思维良好，才能有目的地采取战术行动。

（3）预判对手行动的准确性

运动员要有良好的预见性，在对抗激烈、节奏快速的羽毛球比赛中准确预见和判断，从而有针对性地选取技战术。例如，在对手发球或接发球前，要预判其击球速度、方向、落点，然后做出决策。

（4）动作施展的隐蔽性

运动员在羽毛球比赛中要隐蔽自己的技战术，真假结合、虚实结合，迷惑对方。运动员要根据对方的打法特点采取技战术行动，要快速反应，灵活应对，动作变化多样，真假动作掺杂，制造假象，隐蔽真实意图，增加对手判断的难度。

（5）实施战术的灵活性

羽毛球战术丰富多样，面对不同的来球要选择不同的战术行动，灵活应对，不能始终采用单一的、固定不变的战术，也不能不顾实际盲目调整战术，战术运用必须灵活，有规律，符合实际，能满足需要。运动员灵活运用战术的前提是准确判断与分析什么样的战术可以使自己更有优势，容易得分。运动员运用战术如何才算灵活，要看其能否在不同条件下根据同一对手的不同状态或不同对手的特点采取最佳战术。

（6）双打配合的默契

在羽毛球双打比赛中，搭档的配合度直接影响最终比赛结果。配合默契的搭档能够从对方的细节动作中获得信息，及时采取行动，通过高效的配合共同完成战术任务，达到"1+1 ＞ 2"的效果。

3. 培养大学生羽毛球运动员战术意识的重要性

（1）战术意识是提高战术能力的重要内容

大学生羽毛球运动员在比赛中要合理运用战术，发挥各个战术的作用。要想达到预期的战术效果，就要在赛前了解对方情况，客观判断，制定战术方案,在比赛中根据比赛情况的变化而灵活选用与实施战术,可见战术实施效果与运动员的判断力、分析力、临场应变力等息息相关。此外,运动员的战术意识也是影响战术效果的重要因素之一。在羽毛球比赛中,场上情况瞬息万变,运动员在赛前不可能周密地规划出每个攻防行动、配合行动,不可能完全准确地预测对方的打法和变化,也无法针对每一个回合的较量提出完全可行的建议。在千变万化的比赛中虽然要按既定战术方针去对抗,要执行周密的战术方案,但很难完全不作调整与改变,运动员能否根据临场情况灵活运用战术,这是其战术意识强弱的表现。

大学生羽毛球运动员的战术意识是其战术能力的重要组成部分之一,在专项战术能力的系统培养中,必然要加强对战术意识的培养,促进大学生羽毛球战术意识的形成与强化。

(2)战术意识影响运动成绩

运动员的比赛成绩是由其比赛能力决定的,比赛能力是综合能力,包含体能、技战术、心理、智能等多方面的素质。羽毛球是一项间接对抗的球类运动,控制与反控制的对抗斗争贯穿于羽毛球比赛的整个过程中。参赛选手为得分获胜,想方设法发挥自己的优势,规避短板,并限制对方发挥特长,专打对方的空当与弱势之处。而当比赛双方实力相当时,战术意识的作用便显得特别重要,在旗鼓相当的比赛中,战术意识强的运动员往往能够正确选用战术,将每个战术都发挥得淋漓尽致,抓住每个得分的机会,最终取得比赛的胜利。可见,战术意识作为战术能力的一部分,对运动员比赛成绩的影响是不容小觑的。

4. 大学生羽毛球运动员战术意识的培养策略

(1)加强战术理论知识教育

对大学生羽毛球运动员的战术意识进行培养,首先要进行理论教育,给大学生传授有关羽毛球运动战术的理论知识,使其了解羽毛球战术的内涵、类型、形成规律与特点以及运用原则与策略,从而为采取战术行动提供理论指导。

(2)提高重视程度

羽毛球教练员是培养羽毛球运动员战术意识的主体,教练员的专项理论知识水平、对战术意识重要性的思想认识水平以及对战术意识培养的重视程度等都是影响羽毛球运动员战术意识形成与提升的关键因素。

羽毛球教练员应高度重视对大学生运动员战术意识的培养，在日常体能与技战术训练中融入培养战术意识的内容，有目的地开展战术意识的系统培养工作。在战术意识培养中，要结合比赛培养运动员的观察能力、分析能力、判断能力以及灵敏反应和解决问题的能力，通过提高运动员的这些能力促进其战术意识的形成与强化。

（3）练好基本功

对于大学生羽毛球运动员来说，其战术意识的形成与发展离不开一个重要的物质基础，那就是对羽毛球技战术的全面掌握与熟练运用。战术意识是抽象的，最终体现与落实在技战术的发挥过程中，因此运动员必须先练好基本功，将基本技战术熟练掌握好，积累实践经验，为战术意识的形成打好基础。

（4）注重智力训练

运动员的战术意识与智能密切关联，通过智力训练，提升运动员的思维能力和运动智能水平，可以有效促进运动员战术意识的形成与提升。在智力训练与培养中，要特别重视对运动员分析判断能力、概括推理能力以及综合能力的培养，这些能力也是影响羽毛球运动员战术意识形成的关键因素。

思维灵活、创造思维突出的运动员往往战术意识较强，战术行动积极准确，战术行动效果良好，对提高最终运动成绩有积极作用。

（5）分析和讨论比赛案例，了解战术变化办法

结合精彩的羽毛球比赛来分析讨论，了解比赛中选手的战术行动与灵活变化过程，能够激发大学生羽毛球运动员对战术意识的重视。因此，大学生要争取机会参加羽毛球赛事，在实战中提升自己的比赛能力，积累丰富的比赛经验，从成功与失败中总结经验教训，不断强化自身战术意识。

羽毛球比赛有输有赢，不管结果如何，都应该有所收获，在实战中成长，认真总结经验，不断调整自己，形成强烈的战术意识，为下一次参加比赛做好准备。

（三）羽毛球单打战术训练方法

1. 固定球路练习

固定球路练习是依据羽毛球战术要求，将两项或两项以上的击球技术组合起来反复练习的训练方法。具体训练方式如下。

（1）高、吊配合训练

①对角高球直线吊球练习（图 4-7）

甲方在右场区发高远球，乙方以对角高球回击，甲方也同样以对角高球回击，乙方吊直线球，甲方放直线网前球，乙方挑直线高球，甲方回击对角高球，乙方再以对角高球回击，甲方吊直线球，乙方放直线网前球，甲方挑直线高球，乙方以对角高球回击，反复练习。

在左场区的练习方法和在右场区相同。

②直线高球对角吊球练习（图 4-8）

甲方击直线高球，乙方以直线高球回击，甲方也以直线高球回击，乙方吊对角球，甲方放直线网前球，乙方挑直线高球，甲方以直线高球回击，乙方再以直线高球回击，甲方吊对角线球，乙方放直线网前球，甲方挑直线高球，回到开始，循环练习。

因为球路比较固定，随着反复练习，失误越来越少。

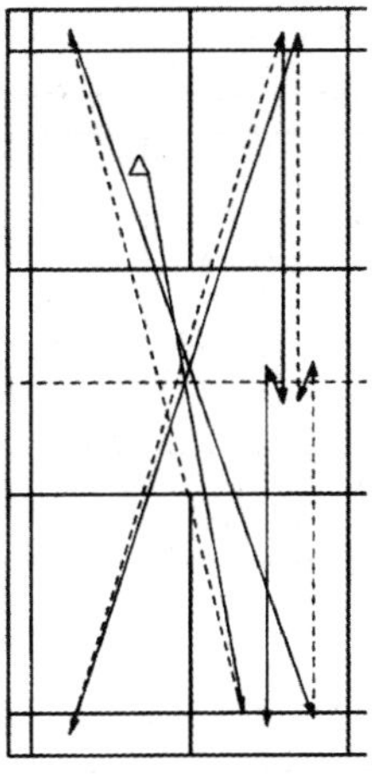

图 4-7 对角高球直线吊球练习

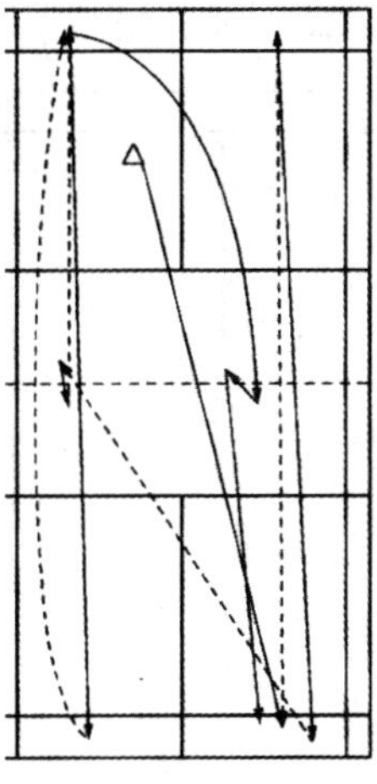

图 4-8 直线高球对角吊球练习

（2）高、杀配合训练

①对角高球直线杀球练习。

②直线高球和杀对角球练习。

（3）吊、杀配合训练法

①吊直线杀直线练习，如图 4-9 所示。

②吊直线杀对角练习，如图 4-10 所示。

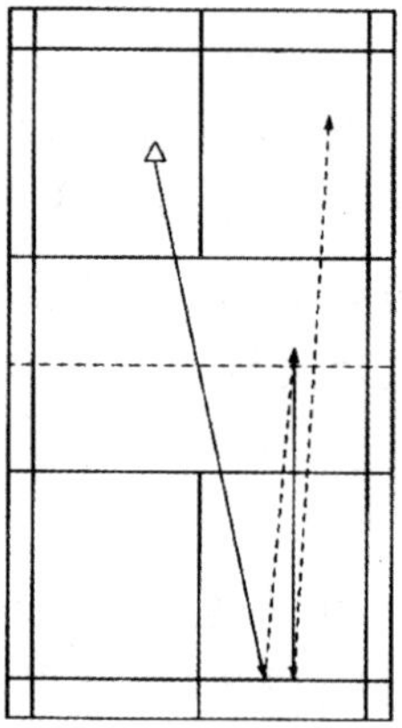

图 4-9 吊直线杀直线练习

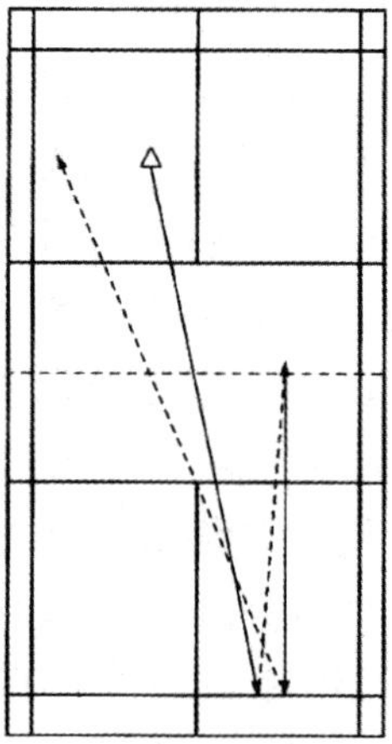

图 4-10 吊直线杀对角练习

③吊对角杀直线练习，如图 4-11 所示。

④吊对角杀对角练习，如图 4-12 所示。

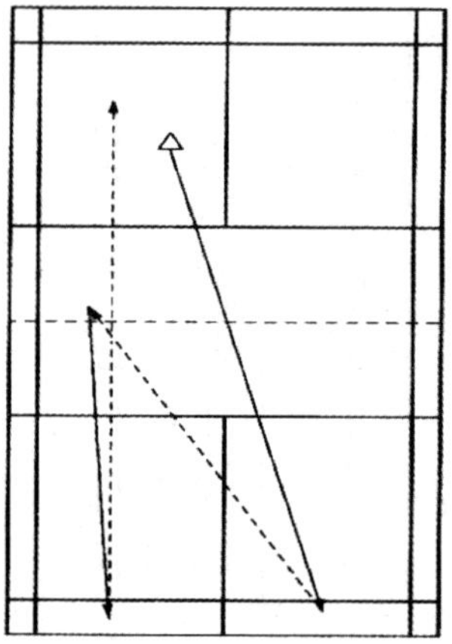

图 4-11 吊对角杀直线练习

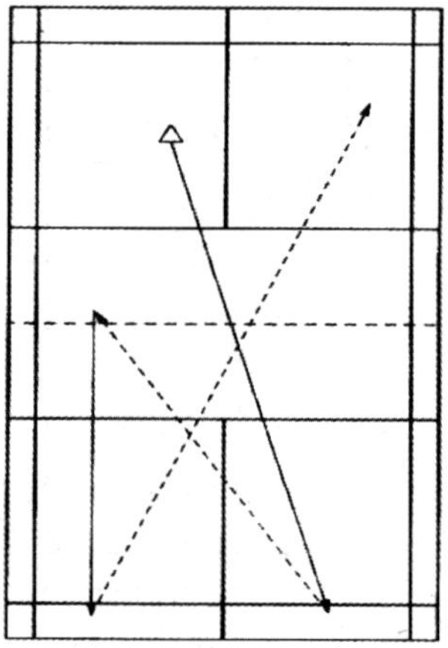

图 4-12 吊对角杀对角练习

上述练习方法中，挑球一方都是挑直线球。在实际比赛中，选手需依据实战需要设计与选用固定球路的组合方式。

2. 半固定战术练习

半固定战术练习是只提出基本技术组合的相关要求，而击球落点、击球路线没有固定要求，球路多变，是与实战接近的战术练习方法，具体练习方式如下。

（1）高杀战术练习

进攻选手的进攻方式只能是高球或杀球，并且为促进选手进攻意识的强化，规定在三拍内杀球，如高杀与接高杀的对攻练习。

（2）高吊战术练习

进攻选手的进攻方式只能是高球或吊球，以此对对方进行控制，创造得分机会，如二点打四点练习。

（3）吊杀战术练习

进攻选手的进攻方式只能是吊球或杀球，如吊杀与接吊杀的攻守练习，交换角色反复练习。

（4）高吊杀战术练习

进攻选手组织全面进攻的进攻方式有高球、吊球、杀球，防守者只防不攻，对进攻者的全面进攻能力与防守者的全面防守能力进行培养。也可采用接近实战的高吊杀对攻练习法。

（5）杀上网战术练习

杀直线或对角，上网后可采用搓球、推球、勾挑球等方式，增加防守难度，使进攻者熟练杀球、搓球、推球、勾挑球的技术，并训练防守者的防守能力。

3. 半场一对一练习

羽毛球比赛是参赛双方在有限空间中、较长时间内进行控制与反控制的斗智斗勇过程，采用半场一对一练习方式，场地面积缩小，练习强度增加、难度提升，如果训练得当，则训练效果可能事半功倍。

练习者在半场区域内进行对抗性练习，可以采用一些压底线的技术，如高球、挑高球、平高球等。或者一方通过杀球技术网前下压，另一方迅速上网还击。练习过程中，攻守双方在练习一定次数后互换角色继续练习，在瞬息万变的环境中准确使用各项技术，灵活应变，将每一次击球都处理好，提高得分概率。

半场一对一练习的具体方法有以下几种。

(1)一挑、一吊练习

在半场区域内,两名练习者分别站在场地两边做发挑球、接发吊球练习,互换角色反复练习。

(2)对打直线高球

在半场区域内,两名练习者分别站在场地两边做发高球、接发平高球练习,轮换反复练习。

(3)组合练习

在半场区域内,双方运用各种技术进行组合练习,提高对高球、点杀、吊球、搓球等技术的运用能力。

(四)羽毛球双打战术训练方法

1. 多球轮转进攻战术练习

(1)练习目的

①促进连续杀球能力的提升。

②促进轮攻配合默契度的增加。

③进一步熟练进攻跑位。

④提高实战技能水平。

(2)人员准备

2 名搭档为主练,1 名发球者和 1 名送球者作为陪练,若干捡球者。

(3)练习方法

①两名搭档在羽毛球半场成前后进攻站位队形。陪练的两人站在场地另一半场。

②陪练方向主练方所在半场区域的不同位置发前场平球、半场平高球和后场高球。按实战要求发球,将发球节奏控制好。

③两名练习者协同配合,按既定战术方针快速应对。站在前场的练习者负责封网,站在后场的练习者负责回击中半场和后场的来球,尽可能主动进攻。前场队员有机会也可以接中半场球。

④面对快速有力的来球,两人应灵活变换站位队形,一般当一人所处位置比较靠边时,另一人就要及时补位,两名搭档快速轮换转位,回击高质量的球。

(4)练习负荷

每组30个球,练习组数根据练习者的实际情况而定,组间间歇3分钟左右。

2. 实战训练

实战训练是为了提高羽毛球运动员的实战能力,使其在比赛中发挥自如而设计的训练方法,它是为比赛服务的。在实战训练中,要有机结合训练与实战,模拟正式比赛来进行战术训练。此外,在训练过程中,也可以组织队内、队外的热身赛,实现以赛带练的效果,有效提高羽毛球运动员的比赛适应能力。

第五章

高校羽毛球比赛的开展

羽毛球比赛是高校课外羽毛球活动的重要组成部分，在高校开展羽毛球比赛，对培养学生的羽毛球兴趣、营造良好的校园羽毛球文化氛围以及促进高校体育文化建设具有重要意义。当前，我国许多高校组织的羽毛球比赛还停留在传统的单双打形式中，一定程度上对高校羽毛球的发展造成了限制，因此，加强比赛改革、引进新的比赛形式（如三对三比赛）十分必要。本章主要对高校羽毛球比赛的开展进行分析，主要内容包括羽毛球竞赛规则、高校羽毛球竞赛的编排、高校三人制羽毛球比赛以及高校羽毛球比赛的组织与管理。

第一节　羽毛球竞赛规则

一、计分方法

（1）除非另有规定，一场比赛应以三局两胜定胜负。

（2）除以下（4）和（5）的情况外，先得 21 分的一方胜一局。

（3）一方“违例”或球触及该方场区内的地面成死球，则该方胜这一回合并得一分。

（4）20 平后，领先 2 分的一方胜该局。

（5）29 平后，先得 30 分的一方胜该局。

（6）一局的胜方在下一局首先发球。

二、发球

有发球权的一方为发球方，对方为接发球方。

（1）发球开始：一旦运动员站好位置准备发球，发球员的球拍头开始向前挥动，即为发球开始。

（2）发球结束：一旦发球开始，发球员的球拍击中或未能击中球，均为发球结束。

（3）合法发球：

①一旦发球员和接发球员做好准备，任何一方不得延误开始发球；

②发球员球拍头的向后摆动一旦停止，任何对发球开始的迟延都是延误；

③发球员和接发球员，应站在斜对角的发球区界线以内，脚不得触及发球区和接发球区的界线；

④从发球开始至发球结束，发球员和接发球员的两脚都必须有一部分与场地的地面接触，不得移动；

⑤发球员的球拍，应首先击中球托；

⑥发球员的球拍击中球的瞬间，整个球应低于距场地地面高度1.15米；

⑦自发球开始，发球员挥拍必须连贯向前，直至将球发出；

⑧发出的球向上飞行过网，如果未被拦截，球应落在规定的接发球区内（即落在界线上或界线内）；

⑨发球员发球时，应击中球。

（4）发球员应在接发球员准备好后才能发球，如果接发球员已试图接发球，即视为已做好准备。

（5）双打比赛发球时，发球员和接发球员的同伴应在各自的场区内。其站位不限，但不得阻挡对方发球员或接发球员的视线。

三、单打

（一）发球区和接发球区

（1）一局中，发球员的分数为0或双数时，双方运动员均应在各自的右发球区发球或接发球。

（2）一局中，发球员的分数为单数时，双方运动员均应在各自的左发球区发球或接发球。

（二）击球顺序和位置

一回合中，球应由发球员和接发球员交替从各自场区的任何位置击出，直至成"列球"为止。

（三）得分和发球

（1）发球员胜一回合则得一分，随后发球员再从另一发球区发球。

（2）接发球员胜一回合则得一分，随后接发球员成为新发球员。

四、双打

（一）发球区和接发球区

（1）一局中，发球方的分数为0或双数时，发球方均应从右发球区发球。

（2）一局中，发球方的分数为单数时，发球方均应从左发球区发球。

（3）接发球方按其上次发球时的位置站位。

（4）接发球员应是站在发球员斜对角发球区的运动员。

（5）发球方每得一分，原发球员则变换发球区再发球。

（6）除“发球区错误”外，球都应从与发球方得分相对应的发球区发出。

（二）击球顺序和位置

每一回合发球被回击后，由发球方的任何一人和接球方的任何一人交替在各自场区的任何位置击球，如此往返直至“死球”。

（三）得分和发球

（1）发球方胜一回合则得一分，随后发球员继续发球。

（2）接发球方胜一回合则得一分，随后接发球方成为新发球方。

（四）发球顺序

每局比赛的发球权必须如下传递：

（1）先由首先发球员从右发球区发球；

（2）其次由首先接发球员的同伴从左发球区发球；

（3）然后是首先发球员的同伴；

（4）接着是首先接发球员；

（5）再接着是首先发球员，依此传递。

（五）其他

（1）运动员在比赛中不应有发球、接发球顺序错误或在一局比赛中连续两次接发球（“发球区错误”除外）。

（2）一局胜方的任一运动员可在下一局先发球；一局负方的任一运动员可在下一局先接发球。

五、违例

以下情况均属“违例”：

（1）不合法发球。

（2）球发出后：

①停在网顶；

②过网后挂在网上；

③被接发球员的同伴击中。

（3）比赛进行中，球：

①落在场地界线外（即未落在界线上或界线内）；

②未从网上越过；

③触及天花板或四周墙壁；

④触及运动员的身体或衣服；

⑤触及场地外其他物体或人；

⑥被击时停滞在球拍上，紧接着被拖带抛出；

⑦被同一运动员两次挥拍连续两次击中，但一次击球动作中球被拍框和拍弦面击中不属“违例”；

⑧被同方两名运动员连续击中；

⑨触及运动员球拍，而未飞向对方场区。

（4）比赛进行中，运动员：

①球拍、身体或衣服，触及球网或球网的支撑物；

②球拍或身体，从网上侵入对方场区（击球时，球拍与球的接触点在击球者网这一方，而后球拍随球过网的情况除外）；

③球拍或身体，从网下侵入对方场区，导致妨碍对方或分散对方的注意力；

④妨碍对方，即阻挡对方随球过网的合法击球；

⑤故意分散对方注意力的任何举动，如喊叫、做手势等。

（5）运动员严重行为不端或屡犯行为不端。

第二节　高校羽毛球竞赛的编排

一、高校羽毛球竞赛编排的准备工作

（一）制定工作日程

在高校羽毛球竞赛编排中，要先做一些基本的准备工作，如对相关材料和表格的设计，对赛前练习场地的安排，对抽签方法的设计，对竞赛日程的安排等。编排工作要由编排组完成，成立编排组后，为其制作工作日程表，使编排组成员按日程表分工完成自己职责范围内的专项工作，也就是分内工作，同时小组成员还要相互帮助，协同完成一些棘手的工作。

（二）事务性准备工作

在竞赛规程的目的、要求已明确，编排组工作计划已确定的基础上，要完成以下事务性准备工作。

（1）领取必需的办公用品。

（2）根据组委会的要求和赛事规程设计秩序册、成绩册的封面、开本。

（3）对比赛场地和赛前练习场地进行检查。

（4）对成绩公告栏进行合理设计。

（5）对比赛用表加以补充、完善、加印，如竞赛日程安排表、场地汇总表、成绩记录表等。

（三）报名审核

在羽毛球竞赛编排的准备工作中，接受报名这项非常细致的工作是绝对不能忽视的，这项工作要由专门人员完成，专人统一管理所有报名材料和信息。在接受报名这一工作中，对运动员资格的审查是非常关键的，一般要依据竞赛规程对报名单中的如下内容进行审查。

（1）运动员报名的时间。

（2）报名参加比赛的人数。

（3）是否符合竞赛规程的规定。

（4）选手排列顺序是否合理。

经审查后，呈现一份完整的、准确的、清晰的标准报名单，要及时查清或纠正所有有疑问的地方。

（四）报名汇总

在接受报名、审查运动员资格的基础上进行报名汇总，统计参赛运动员的兼项情况，具体从以下三方面着手。

第一，对各项目的参赛人数和对数进行统计。

第二，分项汇总，各院系参加各项比赛的运动员名单和参赛顺序应直观地呈现于分项名单中，向组委会有关部门印发报名统计汇总表，便于部门开展筹备工作。

第三，统计参赛运动员的兼项情况，登记好兼项运动员的院系、性别、姓名、专业和兼项情况，便于工作人员进行竞赛方案的编排时作参考。

（五）安排赛前练习场地

对赛前练习场地的安排应在各队报到前就完成，这项工作也是由专人完成的。安排好之后，向组委会有关部门和职能组报到，使其做好相应的准备工作，这样前来报到的队伍就能对本队或自己赛前练习的安排情况有所了解，从而做好赛前练习、思想准备和身心准备。

二、主要编排工作

（一）计算绘制轮次、场数表

对高校羽毛球比赛编排方案进行设计时，主要参考的是参赛人数、轮数、场数等具体情况，因此要先对这些数据进行计算，然后以表格的形式汇总信息（表 5–1）。

表 5–1 各项比赛轮次、场数明细表

项目	阶段	组别	场数	一轮	二轮	三轮	四轮	五轮	附加赛	总场数
合计										

（二）制定编排方案

在赛事编排工作实施之前，要先设计编排方案，这是开展具体编排工作的主要参考依据。编排方案是否合理，对竞赛质量有直接的影响。同一项比赛的编排方案可能有多个，每个方案各有利弊，因此在制定与筛选方案时要权衡利弊，解决主要矛盾，统筹考虑，要注意将场地容量和次数确定下来，不要出现“连场”“重场”等问题。

（三）绘制竞赛活动日程

根据竞赛编排方案和竞赛规程其他规定对竞赛活动日程进行安排，以表格形式直观呈现，格式参考表 5–2。

表 5-2 竞赛活动日程表①

日期(星期)	上午 8：00—11：00	下午 2：30—5：00	晚上 7：00—10：00
11 日(日)	各队报到、训练	各队报到、训练	裁判员实习各队报到、训练
12 日(一)	组委会	教练员、裁判长联席会	
13 日(二)	男、女团第一轮		男、女团第二轮
14 日(三)	男、女团第三轮		男、女团决赛
15 日(四)	休		
16 日(五)	男、女单第一轮		男、女单第二轮 女双第一轮
17 日(六)	女单第三轮 男双第一轮		男单第三轮 男、女双第二轮
18 日(日)	男女单双 附加赛		男、女单决赛 男、女双决赛

（四）编排比赛秩序

以竞赛编排方案为依据，对每项比赛的场地、时间、顺序（场序）作出安排，这就是对比赛秩序的编排。比赛秩序的编排方法主要有以下两种。

1. 固定编排法

这种编排方法就是先将每场比赛的“场地”和“场序”安排妥当，使有关人员清楚各个比赛项目具体在哪个场地举行，从而先做好熟悉场地环境的准备。但因为各场比赛时间并不都是完全一样的，所以各场地的比赛进度也有差异，因而采用固定法编排时容易出现“连场”问题，或者各场地上比赛的结束时间前后悬殊，为解决这一问题，可能还需要临时调场，无形中增加了工作负担。

① 林传潮，任春晖，刘国珍．羽毛球竞赛工作指南 [M]．北京：北京体育大学出版社，2005.

2. 调度编排法

调度法也是一种很常见的比赛秩序编排方法，这种方法弹性较大，具体就是先为各场比赛编代号，然后只对场序加以确定，场号不予确定，再把整个比赛汇成一个总表。这种编排方法可以弥补固定编排法的缺陷，避免给工作人员带来不必要的麻烦。但是采用这种编排方法最终呈现出来的秩序表使用起来不够便捷、直观，对于哪天是哪场比赛、什么时间比赛、哪个场地比什么项目等问题，一般只有调度人员才能通过秩序表看明白，而其他人员往往要通过对两张表进行核对才恍然大悟。如果教练员和运动员缺少参赛经验，就可能“漏场”。

由于以上两种编排方法各有利弊，在实际运用时要根据具体比赛情况灵活选用，扬长避短，最终要为比赛的顺利进行提供便利。

（五）汇编比赛秩序册

对任何运动项目的比赛来说，比赛秩序册这一档案资料都是非常重要的。因此在高校羽毛球竞赛编排中，要将比赛秩序册的汇编高度重视起来，使竞赛组织者能够依据准确、清晰的秩序册开展工作。不仅如此，运动员参加比赛、观众观看比赛、新闻媒体报道比赛也都要参考比赛秩序册。

汇编比赛秩序册时，内容要准确、完整、清晰，具体包括以下内容：

（1）封面；

（2）竞赛规程等重要竞赛文件；

（3）参赛人员名单；

（4）竞赛活动日程表；

（5）比赛秩序表。

第三节　高校三人制羽毛球比赛

一、三人制羽毛球的特征

三人制羽毛球是在传统羽毛球运动的基础上演变而来的一种新的羽毛球比赛形式。它改变了传统的单双打比赛形式,采用双方各三人的对阵模式,使比赛更加激烈,更具有观赏性和娱乐性,同时对团队配合的要求也非常高。三人制羽毛球比赛中由于参赛人员增加,但场地面积、比赛时间固定,所以参赛者的运动量相对来说小一些。

下面具体分析三人制羽毛球的几个主要特征。

(一)规则变化

三人制羽毛球比赛场地大小与常规羽毛球比赛场地的大小一样,但场地颜色的配置有变化,原来的绿色变成了三种颜色——橙色、蓝色、绿色,鲜艳的色彩给观众的视觉带来新的冲击。

三人制羽毛球比赛采用固定计时的方法,上半场、下半场各 10 分钟,有 3 分钟中场休息时间。时间结束后,得分高的队获胜。当到了规定结束时间时,若最后一球还在进行中,要等此球结束。若双方比分打平,则加时一球以决胜负。

比赛开始前,每队发球、接发球队员可以任意指定,比赛开始时,接发球场区只能站接发球队员,比赛开始后三人的站位可以在本方区域随意变换。

(二)娱乐性增加,运动量降低

三人制羽毛球比赛相对于单双打比赛而言,战术方法相对简单,球速大加快,每球回合数增多,特别是平抽快打的技术运用频繁,得失分率增加，从而有了更突出的娱乐性。

三人制比赛对队员的反应速度有更高的要求，这对提高选手的技术和反应速度有积极作用。但由于场地大小和单双打比赛场地无异，只是队员数量增加了，所以每个队员保护的区域面积减少了，再加上每局比赛时间变短，队员的运动强度降低，因而对业余选手来说是比较能够驾驭的，这也是三人制羽毛球比赛可以在高校和社区推广的一个重要原因。

（三）对团队配合能力要求高

三人制羽毛球比赛更加注重队员之间的配合，要求队员既要有良好的技术能力，又要有良好的协作能力。高校举办三人制羽毛球比赛，有助于培养大学生的团队精神，增进人际交流，增强班级凝聚力。

二、高校开展三人制羽毛球比赛的 SWOT 分析

将三人制羽毛球比赛引进高校，既有优势，也有不足；既有难得的机遇，也面临一定的威胁。下面简单分析高校开展三人制羽毛球比赛的优势（S）、劣势（W）、机遇（O）、威胁（T）。

（一）优势（S）

高校开展三人制羽毛球比赛具有一定的优势，增加了真正举办赛事的可行性。优势具体表现在以下三个方面。

（1）高校羽毛球硬件设施条件较好，场地利用率高。

（2）大学生对三人制羽毛球及其他多人羽毛球比赛形式的态度是积极开放的，易于接受这种羽毛球比赛形式。

（3）羽毛球教师能够提供技术上的专业指导。

（二）劣势（W）

（1）不利于学生安全。三对三羽毛球比赛要求各方三名队员之间默契配合，如果配合不默契，则容易出现因抢球而碰撞的现象，从而造

成运动损伤，影响身体健康与人身安全。

（2）羽毛球基础薄弱、技术水平一般的学生如果参加三对三比赛，虽然能够体会到乐趣，但也会因为无法配合队友、陷入被动而自责、内疚，甚至挫败感油然而生，影响对继续参与这项运动的兴趣。

（三）机会（O）

（1）随着全民健身的不断发展，群众羽毛球活动的开展如火如荼，大众羽毛球需求不断增加，社会羽毛球氛围良好。

（2）校园羽毛球的开展能够为扩大羽毛球人口，推动大众羽毛球发展，挖掘与培养竞技羽毛球人才，促进竞技羽毛球发展奠定基础。因此，开展三人制羽毛球比赛符合全民健身、体育强国相关政策的要求。

（3）当前，“李永波”3V3羽毛球比赛正蓬勃发展，创建了中国羽毛球三对三比赛的品牌，还与一些有实力的公司长期合作，获得了运作资本，对我国体育产业的发展具有重要促进意义。

（四）威胁（T）

（1）高校羽毛球教师虽然能够为参加三对三羽毛球比赛的学生提供技术指导，但一些羽毛球教师的赛事组织管理能力尚不能达到要求，再加上教师专业培训不足，从而会影响其在比赛组织中作用的发挥。

（2）羽毛球虽然正逐渐受到高校领导的重视，但和足球、篮球等大球运动相比，受重视程度依然比较低，这成为制约三人制羽毛球比赛进入高校的一个主要原因。

三、促进高校开展三人制羽毛球比赛的策略

了解了高校开展三人制羽毛球比赛的威胁和劣势后，下面从几个方面探讨促进高校三人制羽毛球比赛开展的出路和策略。

（一）加大宣传力度

三人制羽毛球比赛不是奥运会比赛项目，所以受到的关注较少，因

此需要面向高校师生加大对这一羽毛球比赛形式的宣传力度，利用学校传播资源播放三人制羽毛球比赛视频、张贴相关海报等，使更多的大学生了解三人制羽毛球。

（二）增加经费投入

三人制羽毛球比赛在高校的举办离不开资金的支持，因此要适当加大经费投入力度，定向经费要消费到实处，此外吸引社会投资也很重要，能够减轻学校财政负担。

（三）定期组织比赛

高校可以根据大学生的兴趣爱好和需要定期开展以3人制为主的多人羽毛球比赛，具体可参考“李永波杯”3V3比赛的方式，营造良好的校园羽毛球文化氛围，吸引大学生参与有趣的三人制羽毛球运动，当其发展成熟之际，还能打造学校羽毛球品牌赛事。

（四）引进羽毛球课程

将三人制羽毛球运动引进高校羽毛球课程中进行教学，从学生的羽毛球运动基础出发，设计三人羽毛球游戏，以比赛形式为主，使学生对这项运动的趣味性加以体会，以此培养学生的羽毛球兴趣和协作能力。

第四节　高校羽毛球比赛的组织与管理

一、高校羽毛球比赛的组织

在高校组织羽毛球比赛，要分三个阶段开展工作，第一是赛前准备阶段，主要为赛中组织打基础、作铺垫。第二是赛中组织阶段，这是整个组织过程的核心部分，也是赛事组织的重点工作。第三是赛后结束阶段，主要是在比赛结束后做一些总结与收尾工作。

下面简要分析高校羽毛球比赛组织的三个阶段。

（一）赛前准备

在赛前准备阶段，以筹备工作为主，组织者要运筹帷幄，做好全面规划与设计，具体组织准备工作包括以下几方面。

1. 制定竞赛规程

从比赛的性质出发，以比赛的目的为依据制定的比赛文件就是竞赛规程，它具有法规性和指导性。竞赛组织实施中开展各项工作都要以竞赛规程为依据。赛事规程对参赛的所有人员，包括教练员、运动员、裁判员和相关工作人员等，都具有约束性，这些人员都要严格遵守赛事规程来开展工作、规范行为。

赛事规程一般要符合以下几点标准。

（1）文字表达准确、简洁、清晰。

（2）内容不仅全面，而且突出重点内容。

（3）用规范用语描述各项条款。

（4）重点条款不能有漏洞。

2. 成立组织机构

在高校羽毛球比赛的筹备阶段，要成立临时性的组织机构——组织委员会，简称组委会，该机构的成员主要包括负责本次比赛的校领导、高校体育部门领导。在该机构下设立具体的部门（处），包括竞赛部门、后勤部门、保卫部门、新闻传播部门等，各部门又具体设立相应的职能组，比如竞赛部门中有编排组、场地布置组、裁判组等。

3. 召开赛前工作会议

制定好竞赛规程后，为确保能够顺利落实该文件，需要在比赛前召开一次工作会议，也就是领队会议。参加会议的主要是组委会的成员和各参赛队的领队。在会议上要积极动员，将竞赛规程的执行要求讲清楚、说明白，使所有人员明确自己要履行的职责、要遵守的规定以及要注意的事项。在领队会议上还要将抽签方式、种子选手确定下来，做好比赛排序工作。

4. 裁判员的聘请与培训

在高校羽毛球比赛的组织队伍中，裁判员的地位与作用不可忽视，比赛场上的裁判员作为执法官对比赛的顺利进行有着非常重要的影响，因此必须促进裁判员执法能力与道德素养的提升，这也是赛前准备阶段要重视的一项工作。赛前组织裁判员集中培训，使其对比赛规程、比赛规则和裁判法加以学习并熟练掌握，以便在比赛执裁中履行好职责，发挥好作用。

5. 开幕式和文体表演

为了活跃高校羽毛球文化氛围，传播羽毛球赛事，吸引大学生观看比赛，赛前还应该组织具有仪式感的开幕式，有关领导在开幕式上动员与鼓舞运动员及其他工作人员，带动氛围，激发运动员的斗志。同时，还可以组织一些与羽毛球相关的地方特色文体表演，为比赛添加色彩，彰显羽毛球运动的活力与魅力，吸引校园人的关注。

（二）赛中组织

赛中组织主要是实施比赛过程，并对该过程加以监控，依据竞赛规程与比赛规则处理比赛中的问题。在这一阶段，要按照赛前制定的竞赛规程有序开展工作，根据实际情况处理突发事件，灵活调整赛事工作，保证赛事顺利举行。

赛中组织应重点做好以下几方面的工作。

（1）每单元前检查与整理比赛设施、登记表格，确保比赛按规程准点进行。

（2）掌握比赛进度，监控比赛过程。

（3）有关部门协同处理比赛中的突发问题，处理要尽可能快，减少对比赛的影响。

（4）将比赛成绩表收集汇总，及时对外公布。

（5）单元比赛结束后，相关部门作简单的总结。

（三）赛后结束

高校羽毛球比赛结束后的工作主要包括以下几项。

（1）宣布比赛名次，为获胜者颁奖。

（2）举行简短的闭幕式。

（3）完成对参赛者成绩册的汇编和对整个比赛过程的文字总结。

（4）将与此次比赛有关的资料归纳整理，并加以保存。

二、高校羽毛球比赛的管理方法

高校羽毛球比赛管理就是高校体育部门为实现竞赛的功能目标而计划、组织和控制竞赛活动的过程，具体就是整合羽毛球竞赛中人流、物流、信息流的过程。对高校羽毛球比赛进行管理，可以采用以下几种管理方法。

（一）行政管理法

在羽毛球比赛管理中，行政管理法最为古老，但也是最基础的、使用最多的方法，它具有很强的适应性，也有广泛的适应范围，既可以在宏观上对羽毛球竞赛系统进行管理，也可以在微观上对单次比赛进行管理。采用行政方法进行宏观管理时，主要是由上而下布置工作，使赛事系统有条不紊地运行。采用行政方法进行微观管理时，也就是管理某次羽毛球比赛活动时，能够采取行政措施将一些突发事件及时处理好，使事态不会向更糟糕的方向蔓延，可以很好地控制不良事件的走向，为竞赛秩序提供保障。但行政管理法也有局限，所以适合与其他管理方法共同使用。

（二）经济管理法

高校羽毛球比赛中使用经济管理法，常常以奖金为主要手段，如为获胜的运动员颁发奖杯，发放奖金，以激励大学生运动员继续努力，并激发其他大学生的斗志。此外，还可以为优秀的教练员发奖金，或提升其福利待遇，但经济利益要与责任挂钩，以此来提高教练员的业务能力，促进高校羽毛球赛事的发展。

需要注意的是，经济管理法不适合用于对大学生运动员的思想政治教育和职业道德教育中，否则容易使大学生运动员产生利己主义倾向，从而误导他们的思想价值观。

（三）宣传教育管理法

羽毛球竞赛管理的宣传教育方法，就是通过做人的工作，调动参赛者的积极主动性。在高校羽毛球比赛管理中采用这一管理方法，能够提高管理者和被管理者（运动员、教练员等）的积极自觉性，从而使管理者与被管理者都自觉遵守比赛规程，按规程办事，这也有利于发挥管理的教育作用。

宣传教育方法具有真理性、表率性、疏导性等优势，而且它运用起来灵活，因此常常与其他管理方法共同使用，但在宣传教育管理中要注意规避该方法的不足，如滞后性。将宣传教育方法运用到高校羽毛球竞赛管理中，具体可以采用以下几种形式。

第一，形象宣传，使大学生进一步认识羽毛球运动，积极参与这项运动和业余比赛。

第二，阐释竞赛规程，统一思想。

第三，对内注重对参赛者和工作人员情绪的调动，对外引导舆论导向，使观众正确看待羽毛球比赛成绩，做文明观众。

第四，宣传校羽毛球队的杰出运动员，树立典型，激发大学生参加羽毛球运动的积极性。

（四）系统管理法

系统管理法就是依据系统论、控制论等相关理论，对高校羽毛球比赛进行全面的、系统的管理。系统管理法的优点在于有明确的管理目标，有清晰的管理头绪，具有较强的适应性和调控性，而且管理结果也是直观的。将系统管理法运用到高校羽毛球比赛管理中，具体就是要全面进行关于竞赛的组织管理、竞赛过程管理、竞赛经费管理、竞赛物质资源管理以及竞赛人员管理等多方面的管理。

第六章

高校羽毛球文化建设与发展

学校是文化传承的基地,学生群体是文化传承的重要力量,因此高校羽毛球文化建设既是高校羽毛球全面开展的重要组成部分,也是我国羽毛球文化传承与发展的重要内容。加强高校羽毛球文化的科学建设,推动高校羽毛球文化繁荣发展,对进一步推广普及羽毛球运动、营造良好的校园羽毛球运动氛围具有重要意义。本章主要对高校羽毛球文化建设与发展进行研究,主要内容包括羽毛球文化传承与发展、高校校园体育文化的科学建设、高校羽毛球文化建设的原则与策略、羽毛球运动对高校校园体育文化的影响以及高校羽毛球与高校校园体育文化的协同发展。

第一节　羽毛球文化传承与发展

一、羽毛球文化传承理论

（一）传承内容

1. 物质文化

为使人们基本生活需求得到满足而制造的物资及派生的文化就是所谓的物质文化，这是文化因素的主要物质体现。易剑东指出："体育物质文化指人们在体育运动中采用一定的活动手段与物质形式或把体育视作目标。"从这一点来看，羽毛球物质文化主要包括羽毛球场地、球、羽毛球器械、羽毛球服饰、球鞋、羽毛球技战术、羽毛球比赛门票、羽毛球俱乐部、羽毛球书籍、羽毛球报刊、羽毛球口号、羽毛球标志物、羽毛球相关纪念品等，这些都是羽毛球文化的外在表现形式，也是羽毛球运动长期发展的产物，羽毛球运动以自己独特的魅力吸引人们自觉参与。

从物质层面来看，羽毛球文化在满足人们身心健康与娱乐需要方面主要体现为物质文化和羽毛球运动的内容形式，物质文化是羽毛球运动传承的前提和基础，没有物质文化，羽毛球运动的精神与制度文化将无从谈起。

2. 精神文化

以物质文化为前提，在物质文化基础上形成的人类特有的意识形态就是所谓的精神文化，精神文化是各种意识观念的集合。

作为羽毛球运动文化的核心，羽毛球运动精神文化是对羽毛球文化最深层次的理解，对羽毛球文化的本质、发展方向和层次具有决定性作用。羽毛球运动精神文化包含的内容有政治经济环境、社会文化环境、科学技术、媒体参与、信息资源、羽毛球价值与价值取向、参与主体的影响力、欣赏比赛等。

羽毛球运动是一项对抗性运动，其能够提高人们的反应能力，帮助人们实现强身健体、缓解疲劳、提高免疫力的目的。而且经常参加羽毛球运动也能够培养人良好的协调能力和灵敏素质。参与羽毛球运动的过程也是人们发现美和创造美的过程，羽毛球赛场上，技战术不断变化使赛事具有强烈的对抗性、竞争性和不可预测性，而这些特点又都体现了羽毛球运动的休闲娱乐性，广大群众被这些东西深深吸引，从而或亲自参与羽毛球运动，或观看羽毛球比赛，不管是哪种参与形式，都能够获得对羽毛球运动的美和魅力的感受与体会。欣赏羽毛球赛时，观众精神上获得一定的满足并得到升华，精彩的比赛可让人感受成功的喜悦，如果比赛结果不令人满意，也会给人带来启迪。

在高水平的羽毛球比赛中，众多明星、观众聚集在此，比赛中有关于观众的一些约定俗成的优良传统，如不随意走动、不高声喧哗等，这是尊重运动员、裁判员的表现，也体现了个人尊严。观众在赛场上认真观看精彩表演，对于运动员的精彩表现，给予鼓励，使运动员获得继续前进的动力。此外，羽毛球爱好者还会购买各种羽毛球设备、用品、纪念品，这些都是羽毛球发展历史中长期积累的精神财富，有助于促进羽毛球文化与人类文明价值的弘扬与传承。

3. 制度文化

人类在社会实践中建立的各种社会规范和执行这些制度的组织机构及风俗习惯与礼仪就是所谓的制度文化，制度文化是文化结构中最重要的层次。羽毛球制度文化是围绕羽毛球运动产生的比赛体制、规则及有关组织机构，是羽毛球运动现象在制度上的体现，也就是通过羽毛球运动完善其自身的活动方式和制度的产物。

羽毛球制度文化包括以羽毛球运动实践为载体形成的各种规章制度、管理机制与体制、比赛组织与规划、传播媒介的选择与规范以及制约羽毛球运动主体的文化。一个国家对一项运动项目的重视程度以及这项运动的重要性都能够从该国制定的关于这项运动的政策中体现出来。例如，一个国家的运动文化特色主要体现在体育特招的规定与管理制定、运动队训练比赛的补助、运动员生活补贴等方面。构建羽毛球体制是羽毛球文化建设的基础条件和保证，也是羽毛球系统化发展的关键。

4. 行为文化

行为文化是人们在精神文化引导下，以物质文化为基础、行为制度文化为规范而表现出来的各种行为和生理状况及思维方式和精神面貌等，具体包括各种生活习惯、生活制度和行为规范等。

羽毛球行为文化是羽毛球文化体系的中间层次，包含羽毛球教学、羽毛球训练、羽毛球比赛、羽毛球科研、羽毛球技战术配合模式、传播媒介、观众观赏行为等，其中基本技战术是最重要的体现。

（二）传承方式

1. 参与者的直接参与和体验

羽毛球运动受场地限制小，运动器械比较简单，具有很强的普及性和广泛性，具有强身健体、陶冶情操的功能，是深受大众喜爱的一个体育项目，特别是在我国，这项运动的群众基础非常好。

人是羽毛球运动的参与主体，羽毛球运动的生存与发展离不开人的参与，羽毛球运动文化的传承与传播同样离不开人的参与这一基础保障条件。人们在参与过程中，学习与掌握技战术、规则的同时也不断创新和完善这些要素。

人们参与羽毛球运动的方法丰富多样，如以运动员身份参与竞技羽毛球运动，成为体育明星，获得经济收入和社会荣誉；以健身者的角色参与这项休闲强身运动等。有的人还将参与羽毛球运动当作一种社交方式或缓解压力、改善生活、提高工作效率的手段。

总之，现代羽毛球运动以其独特的娱乐性、欣赏性、健身性，吸引了大量的人参与。

2. 思想教育与科学训练

作为人类社会特有的、永恒的一个现象，教育在人与人心灵交往、培养健康人格方面发挥了非常重要的保障作用。文化是竞技之母，优质的文化是优势运动项目发展的重要支持，我国羽毛球运动要站在全球化高度上，树立"教育育人、和谐世界、为国争光"的教育思想。在竞技体育的影响下，我国运动员曾长期存在训练和文化脱节的问题，他们对金牌数量的狂热追求远远超过了对文化知识的追求，这就导致一些运动员人才的人文素质较差。

因此，在羽毛球文化体系构建中，首先应在思想上准确且明确定位，从现代科学管理方面而言，教练员不仅要重视运动员的技战术训练，还应对其思想情况进行深入了解，全方位教育运动员，将文化学习、训练和比赛之间的关系处理好，从而全面提升运动员的综合素质。

在羽毛球竞赛中，运动员有着强烈的求胜愿望，因此总是保持高度紧张和敏感状态，比分、裁判员、观众及场地环境等因素都会影响运动员的表现，当运动员得 1 分或失 1 分时，或高兴，或失落，这些情绪变化与整场比赛的输赢有直接的关系。因此，运动员要学会在比赛中准确定位，保持平衡心态，以激昂的斗志和正确的心态参与比赛。这就需要从以下两方面来努力。

（1）教练员在日常教学与训练中不断创新，研究思想教育规律，结合训练内容和运动员实际情况因材施教。

（2）运动员不仅要注重实践能力的训练与提高，还应多学习一些理论知识，在规则范围内将自己的特长最大限度发挥出来，不断促进自己思想、专业、文化素养的提高。

3. 参与者的交流与传播

随着社会的快速发展，人与人之间的交流在不断减少，为了寻求新的情感表达方式，人们将目光转向健身锻炼。跑步是人们参与的一种最普遍、简单易行、周而复始的循环运动，对促进呼吸系统和循环系统功能的提高具有积极的意义，但这一锻炼方式较为枯燥和乏味，很少有人能够长期坚持，相比而言，羽毛球运动的自娱和娱人功能都比较突出。

羽毛球运动的趣味性很浓，很多人被深深吸引而参与其中，虽然表现形式发生了改变，但是羽毛球依然发挥着自身强大的娱乐功能。不管是平时练习还是参加比赛，不管是单打还是双打，参与者都要与他人相互交流和沟通，这不仅能够提高球技，还能增进友谊。可见，羽毛球运动能够促进人们交友娱乐，维护社会安定，这同时也是对羽毛球运动文化累积和传承的体现。

4. 羽毛球赛事的欣赏

体育赛事的众多功能中，人们最先认知的是其体育功能，后来才慢慢挖掘与认识它的其他功能。体育赛事在及时发布比赛信息的基础上，将众多观众及群众的着眼点汇聚在一起，一方面对群众的体育消费产生了刺激作用，提供给大家对体育赛事进行沟通的平台；另一方面将公用资源利用起来获得效益。

体育赛事诸多效应不仅是体育赛事特殊性和强大优势的体现，也是城市发展需求的反映，更体现了体育运动发展的重要选择。欣赏高水平羽毛球运动赛事是一种对羽毛球运动文化进行潜移默化的宣传和推广的过程，观众可从中受到感染和熏陶。

羽毛球比赛过程是动态变化的，运动员在比赛中根据对方技战术的不断改变而不断调整技战术；运动员的生理素质、身体状况、心理素质等在比赛中具有不确定性，这就使比赛结果更不可预测。观众欣赏高水平羽毛球赛事，可深刻体会羽毛球高超而又精湛的技战术，可充分享受羽毛球的智与美。

二、我国羽毛球文化传承与发展的路径

（一）重视群众文化

羽毛球群众是羽毛球文化传承的有力保障，运动员、观众、教练员、赞助者、运动参与者等都是重要的羽毛球群众。羽毛球运动注重享受和愉悦体验，同时也体现了合作与竞争精神，在比赛中参与者充分发挥自主性，根据实际情况采用不同的技战术。在双打过程中只有默契配合，与队友互相信任、互相鼓励才能打出高水平的球。

随着全民健身的不断宣传与推广，群众参与羽毛球运动的热情高涨，社会各阶层不断举行各种形式的羽毛球赛事，这些都无形中影响了群众的羽毛球行为。

目前我国羽毛球运动群众基础稳定，但依然存在社会关注度不够、管理涣散、场地缺乏、资金投入少等问题，从而制约了羽毛球运动文化传承的有效性，因此相关部门应重视制定并实施一些措施来发挥广大群

众在文化传承中的作用与力量，对群众羽毛球文化的发展给予密切关注。

（二）推广竞技文化

竞技体育是以运动管理为统筹，与运动训练、选材及竞赛共同构成的系统，竞技体育文化作为以竞技为手段、以制胜为目标的一种特殊文化现象，在物质和精神文化方面的效能无可替代。运动选材是竞技体育的开始，应以羽毛球运动特点为依据，采用科学方法促进选材成功率的提高。运动训练指教练员采用有效的方法对运动员的竞技能力进行培养，使其取得优异的比赛成绩；运动竞赛是运动员竞技水平充分展现的平台；竞技体育管理是竞技体育的核心组成部分。

目前，世界羽坛面临“生态失衡”的危机，虽然中国羽毛球在世界上具有代表性，但在整个羽坛却没有掌握相应的话语权。中国羽毛球要继续走可持续发展之路，必须与竞争对手协同发展，顺应生态演化，提升在世界上的感召力和奥委会上的话语权。我国还应积极申办重大赛事来提升我国羽毛球运动的影响力。

（三）发展产业文化

体育运动的可持续发展不仅是指不断提高竞技水平，还应以群众体育为基础，对体育运动的市场价值进行深层次挖掘。体育产业和体育市场息息相关，二者的发展都需要有稳定的 GDP 和国民收入水平。

体育产业中，号召力和影响力最强的当属体育赛事，体育赛事的举办促进了体育媒介、博彩、旅游、培训等相关产业的迅速发展，也强有力地推动了竞技体育产业的发展。我国羽毛球的影响力主要体现在竞技领域，我国羽毛球产业文化的发展可对美国 NBA 发展模式进行借鉴，将竞技文化和娱乐文化融合起来，推动羽毛球产业娱乐文化的发展，这是我国羽毛球产业发展的一个新方向。

作为羽毛球运动的灵魂，文化是促进羽毛球产业软实力提升的必要条件，因此应在市场经济规律下，深入开发羽毛球赛事资源，推广羽毛球产业市场，使羽毛球产业走上成熟的发展轨道。此外，随着羽毛球俱乐部的不断建立，各种赛事的举办，投入到羽毛球市场的社会资金有了增长，这也体现了羽毛球相关产业与文化的协同发展。

第二节 高校校园体育文化的科学建设

高校校园体育文化是高校校园文化和体育文化的重要组成部分,其内涵深刻,外延丰富,是特殊的社会文化现象,是高校体育在长期的发展中积累的物质财富和精神财富的总和。高校校园体育文化在高校素质教育中发挥着举足轻重的作用,因此建设高校校园体育文化成为高校体育工作的一项重要任务,各类高校都应该高度重视和加强校园体育文化建设。

一、高校校园体育物质文化建设

(一)加大资金投入

在高校校园体育文化体系中,体育物质文化是基础,在体育物质文化建设过程中要坚持贯彻与时俱进的原则,以充足与完备的体育物质资源来满足大学生的体育锻炼需求,满足体育科研需求,满足体育课实施的需求。这就要求在体育物质文化建设中加大资金投入力度,提供基础保障。高校校园体育物质文化建设存在资金来源单一的问题,即主要源于政府财政拨款,既然资金来源渠道少,经费有限,就必须在现实情况下做好预算和规划,客观分析与预测,统筹安排资金的用途。高校体育管理者要做好校园体育物质文化建设的顶层设计工作,立足长远,突出特色,保证体育基础设施的新建、维修、开发使用等都能有序进行,并预留一部分资金以备不时之需。

具体可以从下列几方面来解决资金问题。

第一,政府部门通过下发文件、宣传体育精神来提升高校领导对高校体育文化建设的关注度,并给予资金支持。

第二，面向社会筹集资金，如社会体育组织、企业赞助、社会基金会等。高校也可以举办体育商业活动，提升造血功能，拉动赞助。

第三，整合高校周边公共资源，将校外资源用于校内活动中，以节约新建场地设施的经费。

（二）加强硬件保障

高校开展体育活动，必然离不开体育场馆、体育器材、体育设备等基础物质条件，这是构建高校体育文化环境的基本前提和保障。高校有关部门应将体育文化设施建设纳入高校整体建设规划中，有计划、有步骤地完善高校运动场馆、体育设施建设，创造良好的校园环境。

二、高校校园体育制度文化建设

（一）加强科学管理，推进体育制度文化建设

高校体育文化系统的正常运行离不开高校体育制度文化的支持和保障，高校体育物质文化与精神文化的发展也离不开制度文化这一必要条件。高校应建立校园体育文化管理体制，并注意分工明确，责任到人。制度面前人人平等，有关管理人员要身体力行，发挥好带头作用。

高校领导要明确高校体育的发展目标，立足实际需求，统筹规划和建设校园体育文化，不断建立健全适合本校实际的管理机制，保障体育文化活动的正常开展。高校体育文化建设工程非常复杂，只有上级加强管理，各部门通力配合，才能保证校园体育文化的可持续发展。

（二）制定高校体育网络监督制度

在信息化时代的今天，人们的生活已经离不开网络，网络成为社会生活的重要组成部分之一。信息网络技术在高校教育中的渗透也非常深入，校园网络建设这项重要内容已被纳入高校校园文化建设体系中。在高校体育文化体系的构建中同样要重视体育网络文化建设，使高校师生所享有的网络信息服务更便捷、有效。高校应将信息化网络技术充分

运用起来，在校园各个方面和角落全面推进数字化校园建设，对校园体育网站进行建设，为师生享受高校体育文化建设成果提供便捷式服务。为了丰富大学生体育文化生活，还应该依托高校网络资源对具有高校特色的体育健身、体育康复、体育赛事等栏目进行创建。

大学生在日常学习和生活中对网络的使用极为频繁，网络文化给大学生带来了非常大的影响。高校应利用网络文化普及这一优势，将网络资源运用到高校日常管理中，包括日常体育管理、建立体育网络管理机制、制定相关管理制度，并在高校体育工作的年终考核中确定体育网络管理成果这项考核指标，在考核过程中对网络信息的筛选和过滤都必须严格把关，禁止出现不良网络信息内容，通过网络监管对大学生使用网络的动态有所把握。

在高校体育网络监督制度的运行中，为了确保各项制度的顺利落实，有必要设立专门的体育文化网络监管部门，以便更好地依托网络平台提高监督与管理的力度。由于网络环境较为复杂、混乱，网络平台上常常遍布一些不良言论，对此，体育网络监管部门应加强管理，正确引导大学生利用网络平台来获取体育相关信息，并加强网络健康教育，共同维护网络文明环境，避免大学生受到不良网络环境的影响。

高校体育文化网络监管部门的工作既要有体育专业人员的参与，又要有信息技术专业人员的参与，同时也要鼓励大学生监督该部门的工作，保证监督管理的民主化，提高管理实效。

三、高校校园体育精神文化建设

（一）坚持正确的指导思想

无论高校体育文化的发展如何丰富和多元，都必须在科学而先进的思想的指导下进行建设，不能超出新时代正确指导思想的范畴，更不能与正确的思想相违背。因此在新时期进行高校体育精神文化建设，必须坚持新时代中国特色社会主义思想的科学指导。

在新的历史时期，高校办学和高校校园文化建设旨在对全方面发展的优秀大学生人才进行培养，使青年大学生拥有强烈的民族使命感、民族自豪感和民族责任感。高校校园文化的时代特征表现为开放性、多元性，高校校园体育文化的形成、建设与发展和具有时代性的高校校园文化密切相关。结合高校校园文化的时代特性而进行高校体育精神文化建设，必须坚持中国特色社会主义核心价值观的正确引导，对大学生的综合素质进行全面培养，促进大学生全方位健康持续发展，使大学生在充满挑战与竞争的社会生活中能够以健康的心态来积极应对，努力拼搏，不断开拓进取。

近些年，高校体育教育的发展形势良好，但高校校园体育文化的建设依然没有受到很高的重视，尤其是校园体育精神文化建设，从而影响了高校体育的发展。在新时代背景下，高校必须重视和加强体育精神文化建设，结合中国特色社会主义发展的具体要求，植根于中国特色社会主义先进文化进行科学建设，突出高校体育精神文化的科学性、可塑性、独特性与传承性。

西方体育文化在我国大学校园的传播与渗透对我国传统体育文化在高校的传承与发展造成了极大的冲击，虽然我们强调体育文化的多元性，要建设多元校园体育文化，但不能一味重视西方竞技体育文化而忽视中国传统体育文化，对此，我们必须坚持正确的指导思想，加强高校传统体育文化建设，大力宣传国家意识形态和主流文化，传播马克思主义中的体育理念，加强思想政治教育引导，营造良好的校园体育精神文化氛围。

（二）培养大学生的体育意识

树立正确的体育意识，培养丰富的体育兴趣和良好的体育习惯，提高体育运动能力和自我保健能力，促进身心健康发展，为全面发展打好基础，这是当代背景下高校体育工作对大学生的基本要求。大学生对体育的认识、理解尤其是对体育运动作用和意义的认识与理解是其体育意识的集中体现。体育意识正确且强烈的大学生有很强的参与体育运动的需求、欲望和动机，并在体育活动的参与中表现出良好的体育行为习惯。

在高校体育精神文化建设中必须重视对大学生体育意识的正确培养，将体育理论知识教育、体育实践教学有机结合起来，促进大学生体育意识的形式与全面提升。在素质教育理念下，大学生通过学习文化知识提高了文化素养，这使得他们对体育的认识与理解摆脱了以往简单直观的思维方式，形成了理性思维，并能自主判断，在大学生的思维方式发生积极性转变时加强体育理论教育和体育文化宣传，更有助于提升大学生的体育意识。

在大学生体育意识的培养中，要充分发挥体育教育的作用，基于对体育运动发展历史的把握和发展规律的总结，结合高校体育特色和体育教育的时代特征，对体育教育知识内容进行优化选择，通过实施这些体育教育知识来满足大学生的需求。此外，合理安排体育教材内容的同时也要加强与实践的结合，用科学的教材理论内容去对实践进行指导，从而使大学生在良好体育意识的指导下主动参与丰富的校内外体育实践活动，提升参与的积极性和提高参与效果。

（三）培养大学生高尚的体育道德

高校体育精神文化包括高尚的体育道德和良好的体育行为习惯，这也是高校体育精神文化建设的重要内容。高等院校知识密集，人才济济，大学生作为中国社会主义事业的接班人，他们的思想道德水平对社会主义现代化建设具有重要影响。体育运动具有培养良好思想品德和健全人格的重要价值，因此我们要将高校体育文化的导向功能、育人功能充分发挥出来，对丰富多彩的校园体育活动进行组织与举办，鼓励大学生积极参与活动，促进大学生体育道德水平的提高和体育素质的综合提升。

在高校丰富多彩的体育文化活动中，要大力宣传科学的体育思想和体育价值观，如竞争的公平与公开，在竞赛中对对手和裁判的尊重以及对规则的遵守，要求真务实，不断创新，要规范行为举止，表现出良好的体育道德风尚和美好的人格，使大学生在耳濡目染中提升自己的体育道德水平。此外，高校还要将各种传播媒介利用起来，大力宣传我国优秀体育运动员在国际大赛上为国争光的光荣事迹，从而对大学生进行爱国主义教育，对大学生的民主情感进行培养，并对其世界观、人生观的建立进行正确引导。

（四）对大学生进行体育精神培养

体育精神是高校校园体育文化的重要内涵，更是高校校园体育文化的核心。在体育文化体系中，体育精神文化居于最高层次，对人们的体育行为具有重要影响。体育精神具有很强的影响力，尤其是凝聚力和号召力，高校体育精神是高校在长期的体育实践中形成的文化底蕴和积累的精神财富，如遵守规则、公平公正、诚实善良、友好互助、热爱祖国等。

随着社会经济的发展和人民群众生活水平的提高，大学生的物质条件得到了极大的改善，但他们的精神世界较为空虚，缺少精神财富，这从他们的一些行为中就能体现出来，如急功近利而非脚踏实地，考试舞弊，学术不端，缺少诚信等。要解决这些问题，必须发挥体育精神的引领作用，将体育精神作为大学生前进的灯塔，指引他们前行，对大学生的务实精神、规则意识、公平观念、诚信美德等进行培养，这些对高校体育精神文化建设和高校精神文明建设都具有重要意义。因此，高校要面向大学生进行体育精神的弘扬，将真善美传递给每个大学生，并由大学生传递到社会，使体育精神的影响力遍布社会各个方面，推进社会主义精神文明建设。

四、"互联网 +"背景下高校校园体育文化建设与发展策略

（一）通过高校体育教育来培养大学生的体育理念

高校体育教育观的形成、传播及大学生体育理念、体育意识的树立都是在高校体育教育实践中实现的，高校体育教育实践直接影响大学生体育意识、体育理念的形成和强化。因此我们应高度重视高校体育教育实践，不能只是在形式上进行体育教育，而应真正落到实处，讲求实效，同时要强调教育实践的灵活与创新。

在体育教育实践中要重点抓好优化体育教育环境、开发校本课程、提高体育教师专业素养、培养大学生终身体育意识、增强大学生体质等工作，使大学生在体育教育实践中建立先进的体育理念和健康理念，积极主动地学习体育知识、参与体育活动、传播体育文化，从而提升体育文化素养，更好地发挥自身在校园体育文化建设中的主体作用。

（二）加大资金投入，夯实校园体育文化建设的经济基础

高校校园体育文化建设、高校体育系统的运作都离不开良好的经济基础，高校体育经济基础薄弱，而大学生的体育需求日益增加，这对矛盾制约了高校校园体育文化建设与发展。为缓解这一矛盾，推动校园体育文化建设与发展，必须加强这方面的经费投入力度，优化校园体育物质环境，为丰富多样的校园体育文化活动的开展提供资金支持和物质帮助，完善校园体育基础设施条件，满足大学生的体育需求，调动大学生参与校园体育文化活动的积极性，从而使优良的校园体育文化更好地为大学生主体提供良好而稳定的服务。

（三）加强校园体育文化活动内容与形式的拓展与创新

在互联网背景下，高校流传的体育文化信息越来越多。现在大学生对常见的、单一的校园体育文化活动内容、形式已经感到乏味，兴趣逐渐下降，拓展与创新高校校园体育文化活动内容及形式迫在眉睫。在高校校园体育文化活动的创新与拓展中，可以引入一些趣味性的体育游戏或社会上流行的一些活动类游戏，将这些创新性的活动融入校园体育文化节的建设中。融入的新活动不仅要有趣，而且要有一定的挑战性，能激发大学生的斗志和参与的热情。此外，可以在高校校园体育文化建设中引进社会上流行的跑酷运动、户外运动、拓展训练活动，用时尚流行的体育文化刺激大学生的感官和神经，使大学生在参与过程中获得全新的体验和感悟，这对丰富高校校园体育文化、增强大学生体质具有重要意义。

（四）培育具有特色的校园体育组织

高校体育组织主要是指体育社团、体育俱乐部，这些是传播校园体育文化的重要载体。不同的大学生有不同的体育兴趣爱好，也有不同的体育特长，为满足不同大学生的体育需求，高校校园中成立了各种各样的体育社团和俱乐部。高校对这些校园体育组织的建立应立足本校实际情况，如本校体育经费、体育设施条件、体育师资资源、体育传统、体育特色等，要因地制宜地培育“本土化”体育组织，尽可能使不同学

生的需求得到满足，丰富大学生的课外生活，营造良好的校园体育文化氛围。

（五）创建互联网平台，强化校企合作

在互联网时代，人们的生活和信息技术的联系十分紧密，人们的生活中充斥着各种各样的网络信息，加快了人们获取信息的速度，使人们及时掌握社会动态，并做好应对社会发展变化的准备。互联网技术的发展及各种网络信息在高校校园的传播也推动了高校信息化建设，为高校建设智慧校园提供了良好的技术条件和网络平台，如高校创建的校园微信公众平台、微博公众平台、官网平台等为传播校园体育文化提供了良好的渠道，提升了校园体育文化的传播力度和影响力。同时，在这方面颇有建树的高等院校积极寻求与社会知名企业的合作，建立与完善校企合作的校园体育文化推广模式，赋予校园体育文化建设更大的意义。

（六）加强对校园体育文化建设的统筹管理

高校校园体育文化的信息量在互联网时代背景下是十分巨大的，不仅量大，而且传播快，这对高校校园体育文化建设提出了更高的要求，即构建开放性的校园体育文化，打破传统僵化局面，突破死板，因地制宜，灵活多变，这就要求加强对校园体育文化建设的严格管理和把控。在管理过程中，要对科学有效的管理体制加以建立，突出管理体制“统筹规划，层次分明、职责明晰、分工明确”的特征，从高校实际情况出发而制定学校体育规章制度，并积极落实制度。引导有关部门相互交流、配合，协同工作，提高高校校园体育文化建设体系的运行效率。在高校校园体育文化建设的管理中，安全管理必不可少，要建立应激管理机制，防止突发事故发生，保障大学生的生命安全。

（七）创建品牌，走向国际

高校校园体育文化具有开放性，在校园体育文化建设中要利用这一特征不断融入和吸收其他文化，对国内外先进的校园体育文化建设经验与成果予以借鉴和参考，同时也要培育本校体育文化特色，创建文化品牌，打造文化名片，走出校门甚至是国门，向世界各国弘扬优秀的高校校园体育文化，并利用高校资源来传播中国传统体育文化，拓展传统体育文化的传播路径和发展空间。

五、高校校园体育文化建设与发展趋势的思考

学校体育文化建设中要结合时代的需要、社会的需求来确定发展方向，发展方向要与时代需要、历史规律相符，要能够使社会需求得到满足，要对促进社会进步有积极意义。学校体育文化发展应以学生为本，将出发点确立为学生参与、享受体育，并从中获益，将最终目标确立为促进学生健康成长、全面发展，使学生终身受益。下面结合社会发展需求和时代需要来探讨我国学校体育文化的建设与发展趋向。

（一）确立“增进健康与培养体育能力”的目标的趋向

一个国家的综合国力最直接地反映在该国居民的综合体质上，人体体质也是客观反映人体生命活动的物质基础。体质的内涵非常丰富，包括体格、机能、体能、适应能力、精神状态等。健康是人类的永恒追求，学校教育以学生健康为基础，学校体育教育以增强学生体质、促进学生健康为基本目标。学校教育目标的制定与发展方向的确立都以学生健康为根本依据。

学校体育文化建设与发展以增进学生健康为基本目标，同时也注重对学生体育能力的培养，可以说促进体质健康和培养体育能力并重。培养学生的体育能力最终也是为了提高学生健康水平和培养学生的社会适应力，具备一定体育能力的学生能够将体育锻炼延伸到课外、校外，甚至未来步入社会也能自觉锻炼，将终身体育锻炼作为自己的一种生活态度，从而以健康的体魄为社会主义建设做贡献。

学生要先掌握基本的体育技术、运动技能才能顺利参与体育锻炼，从而增强体质，掌握运动技能是培养学生体育意识与体育能力的基础，而增强学生的体育意识与能力又有助于学生更好地掌握复杂的运动技能。随着学校体育的不断发展，学校体育教育作为学校体育文化建设的重要内容之一，其越来越倾向于既增强学生体质，也培养学生体育能力，健康教育和运动教育并重。

（二）注重学生个性的趋向

现阶段，个性化教育理念在全世界都很流行，世界各国对学生的个性化发展都很重视，这逐渐成为世界教育的一个共同特征和趋势。我国提倡素质教育，而素质教育的核心就是个性化教育。个性化教育与全面教育并不冲突，全面教育提倡全面培养学生的综合素质，促进学生全面发展，但有学者指出全面发展的学生没有特点和专长，因此要注重个性化教育。个性化教育应该以全面教育为基础，在学生全面发展的基础上重点培养与发展学生特长。践行个性化教育理念，要求对学生的个体差异、人格特征予以尊重，并依据客观差异进行个性化教育，这是学校体育的发展趋势之一，也是学校体育文化发展的重要内容。

（三）对师资要求趋于复合型人才的趋向

在新形势下，学校体育行政部门不再像以前一样只是纯粹的教育组织，而是一个以体育科研、体育教学、运动训练、体育竞赛、社会体育等为主体，以追求社会效益为目标的实体。在这一趋势下，体育师资的组成不仅仅包括传统的体育教师，还包括体育教练、体育科研工作者、与社会体育对接的体育工作者等，这需要我们重新界定体育教师的知识结构，对此，有关部门对更具有长远意义的体育教学制度与方针进行制定，对当前的体育教育进行改革，强调体育师资向复合型人才的方向发展，而这也是我国学校体育文化发展的一个重要方向。

第三节　高校羽毛球文化建设的原则与策略

一、高校羽毛球文化建设的基本原则

（一）主体性原则

主体性原则是建设高校羽毛球文化体系必须贯彻的一个基础原则，

主体性原则也可以称为“以人为本”原则。作为高校羽毛球文化的创造者和受益者,学生是高校羽毛球文化体系中建设应该特别重视的一个核心主体。现代教育理念已经发生了转变,不再像以往一样单纯向学生传授某一方面的知识或某项技能,而是对学生进行全面的素质教育。素质教育要求将学生各方面素质和对社会适应力的培养重视起来,即将学生培养成为综合型人才,使其在德、智、体等方面都能得到发展。建设高校羽毛球文化需要秉承这一理念,使学生可以在健康的氛围中积极参与丰富的羽毛球活动,在参与过程中达到增强体质、正确树立体育观念、深入理解体育精神的目的,并将这些收获融入日常学习与生活中。

(二)统筹协调原则

高校羽毛球文化内容丰富繁多,因此建设高校羽毛球文化是一项系统且比较庞杂的工程,需要在许多方面进行统筹兼顾,协调完善。只有这样,才能有效建设高校羽毛球文化体系,才能确保构建工作开展得有序、顺利,也才能达到文化主体的期许。在文化建设过程中,坚持统筹协调原则需做到以下几点。

1. 软件与硬件协调

建设高校羽毛球文化需要“软硬”结合,即做好相关软件与硬件之间的匹配与协调。其中,硬件包括羽毛球场地器材、羽毛球师资队伍和羽毛球社团等,这是承载羽毛球活动的基础;软件包括校园师生的体育精神、体育制度和体育观念等。

在高校羽毛球文化建设过程中,要将软件与硬件的建设同时重视起来,一视同仁,尽可能做到“两手抓,两手都要硬”,不可只偏重其中一方面,而忽视另一方面的建设。只有“软硬兼施”,加强两方面的协同发展,才能确保高校羽毛球文化的发展始终保持在一个平衡状态下,从而达到事半功倍的效果。在文化建设中,如果只是拥有完备的硬件设施,而软件设施建设无法满足当前高校羽毛球文化建设的要求,羽毛球活动组织形式单一,内容单调重复,那么再完备的活动设施也得不到充分运用,这时硬件设施就成了毫无意义的摆设,表面看起来是学校实力的象征,但实际价值却令人唏嘘。相反,如果学校羽毛球活动的组织形式多样,活动内容丰富,制度建设较为完善,但硬件设施严重缺乏,无法满足活动开展的需要，那么，制定好的组织计划、规章制度也只是空谈，缺乏设施这样的必要承载物质，软件设施的价值也就被削弱了。由此可见，软件与硬件缺一不可，“硬”是“软”的基础，“软”是“硬”的条件，只有协同发展，共同建设，才能发挥其在高校羽毛球文化建设过程中的价值。

2. 课堂教育与课外活动的协调

在现代体育教育中，产生了两种重要的教育形式，即课堂教育和课外活动。因此，高校羽毛球文化的建设也需建立在二者基础上。

羽毛球课一般分两种形式进行，即室内课和室外课。其中，开展室内教学，主要是对一些羽毛球理论知识进行传授，室内教学以班级授课制方式进行，教师在理论教学中主要以教育部颁布的教学大纲为基础。总体来看，理论课与实践课相比，比重较少。室外教学主要以实践活动为主，主要向学生传授羽毛球技战术方法、游戏方法等，以促进学生羽毛球技能的不断提高。羽毛球实践课历来十分受重视，所以大多数学校安排的羽毛球实践课要多于理论课。

除羽毛球课堂教学外，课外活动也是校园羽毛球的重要结构，高校羽毛球文化的发展水平一定程度上取决于丰富多彩的课外活动的开展程度。与传统课堂教学相比而言，课外活动具有更顽强的生命力。这主要是因为，开展课外活动几乎不受时间、形式等因素的制约，而且其能够弥补课堂教学的一些不足，达到一些在课堂教学中无法实现的效果。

另外，因为课外活动几乎不受教学大纲的影响，因此形式更为灵活，内容更为丰富，这是其与课堂教学对比的巨大优势，也正是因为这些优势的存在，学生才能在参与课外羽毛球活动的过程中获得极大的满足。但有一点需要注意，开展课外羽毛球活动并不是组织学生简单地、毫无目的地“疯玩”，而是要将课堂上的理论知识与运动技能以另一种形式赋予课外活动，使学生在参与过程中进一步深入理解课堂上的羽毛球知识，巩固羽毛球技能。

（三）与时俱进原则

作为时代的产物，文化虽然具有相对稳定的特征，但总体而言，在社会变革的背景下，无论哪种文化，都无法“独善其身”，总会有一些不同程度的变化。高校羽毛球文化作为一种特定的文化群体同样如此。为了适应社会变革的需要，高校羽毛球文化也需要作一些调整，适应社会发展的需求，与社会同步发展，这样才能成为校园体育文化的主流，更好地为社会服务。

二、高校羽毛球文化建设的策略

（一）树立“以人为本”的理念

我国很多高校现在都很重视面向大学生推广与普及羽毛球运动及羽毛球文化。加强高校羽毛球文化建设，不但能够使大学生对羽毛球运动有更多的了解和深入的理解，还能使其参加这项运动的积极性得到提升。在宣传与普及羽毛球文化的过程中，应树立“以人为本”的理念，贯彻人文主义精神，营造民主、和谐、友善的校园羽毛球文化氛围。

（二）对羽毛球文化的内涵与教育功能进行深入挖掘

在高校羽毛球文化的建设与发展中，需要充分发挥教育的推动作用，羽毛球教学也是羽毛球文化建设中的一项重要内容。开展羽毛球教学，要重视对羽毛球运动自身教育功能的挖掘，包括智育、体育、德育、美育等。为了使羽毛球运动的教育功能得到充分发挥，使大学生通过学习羽毛球运动而在各方面的素质上都得到提升，高校应多开展一些融入羽毛球文化的活动，进一步提升羽毛球运动在大学生群体中的影响力，使大学生在深入了解羽毛球文化的基础上产生对这项运动的喜爱之情，从而全身心投入相关活动中，并积极影响周围人群参与这项运动。

（三）重视羽毛球课程建设及教学的优化

虽然现在羽毛球课在很多高校都已普遍开设，但因为种种原因，高校在羽毛球课程建设上还没有达到完善的程度，羽毛球教学体系存在许多问题，这直接影响了高校羽毛球教学效果和羽毛球文化建设。羽毛球运动虽然简便易行，但也有自己的规则和技巧，所以需要专业的羽毛球教师来教学生，需要不断改革与优化羽毛球课程与教学体系，这对于宣传与普及健康的、积极向上的羽毛球文化具有重要意义。

高校羽毛球课程建设与教学的优化主要从以下几方面展开。

1. 加强羽毛球场地设施建设

要推动高校羽毛球运动发展，建设高校羽毛球文化，首先要重视羽毛球基础设施建设，这是发展羽毛球运动的基础条件。专业的羽毛球场地是发展羽毛球运动和建设羽毛球文化的首要前提。羽毛球教学同样离不开充足的羽毛球场地这个最基本的物质条件，只有先对羽毛球场地设施进行完善，才有可能提高羽毛球课程教学效果，也才可能落实高校羽毛球文化的建设工作。

我国有很多高校开设羽毛球课程的时间并不长，基础教学设施严重不足，物质条件较差，实际教学需要难以得到充分的满足。此外，受天气的影响，露天的羽毛球场地并不是随时都能使用，如遇雨天、雪天、大风等天气，则不可能在露天的场地上顺利进行羽毛球教学，这也在很大程度上影响了高校羽毛球运动的发展及羽毛球文化建设。对此，高校可根据实际条件与需要建设羽毛球馆，以弥补露天场地的不足。不管是白天还是晚上，不管什么天气，室内羽毛球馆都可以使用，这为羽毛球教学的顺利进行和大学生参与课余羽毛球活动提供了极大的便利。

2. 促进羽毛球课程结构体系的合理化

高校羽毛球教学的开展需要有科学的专业羽毛球教材，羽毛球教师只有在专业教材的基础上进行专业讲解，学生才能更好地了解羽毛球知识，掌握羽毛球技能。在高校羽毛球文化的形成与发展中，开设专业羽毛球课程是一个必不可少的重要条件，且高校羽毛球课程的开展水平直接影响高校羽毛球文化的健康发展。因此，在高校羽毛球课程建设中，要将优化课程结构作为关键性工作重视起来，并对科学合理的、具有可行性与可操作性的教学计划进行制定，完善教学内容，合理安排与控制教学进度，完善教学考评体系，最终优化与提高教学效果。

3. 将羽毛球文化课程重视起来

羽毛球运动有深厚的文化底蕴，挖掘羽毛球运动的文化价值，开展羽毛球文化课程教学，有助于推动高校羽毛球文化的建设与繁荣发展。通过羽毛球文化课程教学，大学生能够对羽毛球的文化内涵有真正的了解，并深刻感知这项运动的魅力，进而对这项运动产生兴趣。

羽毛球运动发展至今，具有现代文明的大众性、开放性和时代性。学生深入了解羽毛球文化，便会不自觉地喜欢上这项运动，并积极参与其中，这有利于高校羽毛球文化的传播与发展，也有助于富有中国特色的羽毛球文化的传承与弘扬。

（四）成立高校羽毛球协会

高校羽毛球协会在推动高校羽毛球运动发展与校园羽毛球文化建设方面发挥着非常重要的作用，因此高校成立羽毛球协会很有必要。高校羽毛球协会作为学校的羽毛球组织机构，能够引导大学生科学参与羽毛球运动，也能在宣传与普及校园羽毛球文化方面出一份力。高校羽毛球协会为大学生羽毛球爱好者提供了相互交流、切磋与参加更多羽毛球活动的良好平台。不同高校的羽毛球协会还可以共同组织校际羽毛球比赛、羽毛球观摩交流等各种形式的羽毛球活动，以学习经验，促进本校羽毛球运动发展水平的提高。此外，高校羽毛球协会还可以组织协会成员参与地方举办的羽毛球交流活动或比赛，使大学生开阔视野，不断进步。

高校羽毛球协会可重点从以下几方面来推动高校羽毛球文化建设，促进高校羽毛球运动发展。

1. 大力宣传与普及羽毛球知识

媒体宣传是传播体育文化的重要途径之一，现代媒体的发展已经达到了十分成熟的水平，媒体的宣传作用也有了提升。高校也可以利用广播站、校刊、校园网等学校的媒体资源来传播羽毛球文化。高校羽毛球协会在普及与推广羽毛球文化方面肩负重任，采用这些媒体手段可取得良好的传播效果。

高校羽毛球协会成员以协会的名义对羽毛球知识与文化进行宣传，从中提升自己的责任感，形成认真负责的态度。有些大学生对羽毛球运动不熟悉，存在许多困惑，所以迟迟不参与这项运动，而通过校园羽毛球协会的宣传和带动，会有更多的大学生了解羽毛球，爱上羽毛球，参与羽毛球，从而形成良好的羽毛球运动氛围。

高校羽毛球协会对羽毛球文化的传播既灵活，又自由，而传播羽毛球文化的最大收获是有更多的大学生亲自参与羽毛球运动，亲身体验羽毛球运动的乐趣与魅力。

2. 组织日常训练和比赛

组织协会成员参加羽毛球训练和比赛是高校羽毛球协会的基本职责之一，如果做不到这一点，羽毛球协会如同摆设，失去了最初成立协会的意义。高校羽毛球协会应向学校相关部门争取对羽毛球场地的使用权，然后在特定时间组织学员参加训练，以满足学员参与羽毛球运动的需要，使学员的羽毛球水平在长期的训练中得到提高。羽毛球协会组织学员参加日常羽毛球训练，要有计划、有目的地开展工作，并定期邀请高水平教师或教练来指导学员的训练，为学员创造良好的训练环境。

高校羽毛球协会举办羽毛球比赛能够使羽毛球运动在大学生群体中产生更大的影响力，这是高校羽毛球文化宣传中非常重要的一个手段。在羽毛球比赛过程中，参赛选手严格遵守比赛规则，充分展现羽毛球文化，使作为观众的大学生通过观看比赛进一步认识羽毛球文化，并对这项运动产生兴趣。羽毛球比赛还能促进参赛者技术能力的增强和道德修养的提升，这也是高校羽毛球文化建设的一个重要成果。

3. 加强与业余羽毛球俱乐部的互动

业余羽毛球俱乐部不管是硬件资源还是软件资源，都比高校羽毛球俱乐部要好，高校羽毛球协会通过与业余羽毛球俱乐部进行交流与合作，可以将俱乐部的良好资源为我所用，从而为本协会组织活动提供便利。业余羽毛球俱乐部的教学与训练理念与方法基本都已成熟，对这些理论与方法适当借鉴，并运用于羽毛球协会的教学与训练中，能够大大提高羽毛球协会教学与训练的水平与效果。

高校羽毛球协会与业余羽毛球俱乐部的融合对羽毛球协会学员来说也是与高水平羽毛球爱好者接触的好机会，学员应抓住这个机会，利用好这个平台来不断提升自己的羽毛球技术水平。同时，这也是向社会传播本校羽毛球文化、提高本校形象的有效途径。

高校羽毛球协会与业余羽毛球俱乐部合作是一个双赢的举措，不仅对高校羽毛球文化建设有利，对业余羽毛球俱乐部也有利，如可以利用高校的羽毛球场地资源，从而节约俱乐部羽毛球场馆建设成本。双方应取长补短，互通有无，相互信任，真诚合作，这样才能达到对双方都有利的效果。

（五）建设高校高水平羽毛球队

高校成立高水平羽毛球队，能够对大量的羽毛球后备人才进行培养，促进高校羽毛球发展空间的扩大和提高高校羽毛球文化的影响力。大学生羽毛球运动会的举办为各高校之间进行羽毛球文化交流提供了良好的平台，也使高校羽毛球文化建设上升到新的水平。高水平羽毛球队参加高水平羽毛球比赛能够产生非常大的影响力，使更多的人对羽毛球文化产生兴趣。高校高水平羽毛球运动队的建设直接提升了高校羽毛球文化的发展高度，使大学生运动员对羽毛球文化的精髓有了真正的理解。校内、校际及地方与全国的大学生羽毛球比赛的开展营造了良好的羽毛球文化氛围，对高校羽毛球文化建设与普及具有重要意义，可以说高校高水平羽毛球队对高校羽毛球文化的持续发展起到了不可替代的作用。

需要注意的是，对高校高水平羽毛球队的科学建设应做好以下几方面的工作。

第一，做好招生工作，拓宽羽毛球后备人才培养途径。

第二，采用多种途径解决经费问题，为羽毛球队顺利训练与参赛提供基础保障。

第三，加强对羽毛球队的科学管理。

（六）做好羽毛球科研工作

羽毛球相关课题研究能够为羽毛球运动的发展提供理论指导与支撑。在羽毛球研究中，对羽毛球发展过程中面临的现实问题要进行全面而细致的分析，并在科学理论的指导下探索有效的解决途径。高校羽毛球运动的发展同样需要相关理论研究的科学指导。

高校是科研的前沿阵地，拥有丰富的科研资源，利用这一优势来推进羽毛球科研工作，能够为高校羽毛球文化建设奠定良好的理论根基，为解决高校羽毛球文化建设中遇到的问题提供切实可行的建议。

第四节　羽毛球运动对高校校园体育文化的影响

一、羽毛球运动对高校校园体育文化物质层面的影响

（一）对校园体育基础设施的影响

良好的体育基础设施条件是高校开展校园体育活动的前提与基础，当前一些高校羽毛球场地设施不健全，设施质量没有安全保障，因而对高校羽毛球运动的发展造成了制约，如严重影响了大学生参与羽毛球运动的积极性，阻碍了羽毛球教学的顺利开展。

（二）对校园体育师资队伍建设的影响

从高校羽毛球教师队伍的现状来看，只有一小部分教师来自羽毛球专业，很多羽毛球授课教师都是其他体育专项毕业的。因为专业不精，所以羽毛球教师在高校羽毛球教学、训练与竞赛中发挥的作用并不明显，能够真正发挥重要作用的专业教师较少。

高校羽毛球运动的发展离不开教师主体的带领和参与，因此高校逐渐注重对优秀羽毛球教师的培养与引进，通过开展专业培训、举办教师羽毛球交流赛、举办讲座等形式不断提高羽毛球教师的专业水平，这对高校体育师资队伍的整体优化起到了重要作用。

二、羽毛球运动对高校校园体育文化精神层面的影响

（一）对大学生体育理念的影响

大学生参与羽毛球运动，不断学习羽毛球知识，掌握和运用羽毛球

技能，在比赛、游戏等实践中运用知识与技能，提高自身的羽毛球运动能力。这个过程中，学生的体质将得到增强，运动能力不断提升，良好运动效果的获得有助于大学生树立终身体育理念和意识，也有助于培养学生自主参与体育运动的意识和自觉遵守规则的体育精神。

（二）对大学生体育道德的影响

中世纪在英国诞生的羽毛球运动曾经被视为一项绅士运动，这项运动能够对学生体育道德的培养与强化起到很好的促进作用。大学生参加羽毛球运动，隔网对抗，双方没有直接的身体接触，在遵守规则的前提下完成各项技战术，整个过程中言语、行为上都没有过激行为，运动过程虽然激烈，但氛围友好。即使在比分落后时，大学生也要冷静面对，努力挽救局面，而不是通过行为和语言发泄不良情绪，表现得非常有礼貌、有格局。这无形中培养了大学生的体育礼仪素养和体育道德素养，这也是羽毛球运动德育价值的重要体现。

第五节 高校羽毛球与高校校园体育文化的协同发展

随着羽毛球运动的不断普及和羽毛球文化的广泛传播，高校在校园体育文化建设中逐渐重视羽毛球文化的建设，通过开设羽毛球课程、举办羽毛球课外活动、组织羽毛球竞赛等方式促进羽毛球在大学生群体中的普及与传播，而且一些高校建立了羽毛球社团或俱乐部，充分调动了大学生参与羽毛球运动的积极性。在校园内开展丰富多样的羽毛球活动，能够使大学生深入了解羽毛球文化知识，掌握羽毛球技能，提升羽毛球素养。大学生的这些积极转变与发展有助于其在校园体育文化建设中发挥主体作用，这充分体现了借助羽毛球运动建设与传播校园体育文化的重要作用，这也是高校羽毛球与校园体育文化协同发展的重要表现。

在协同发展视域下推动高校羽毛球与校园体育文化协同发展，无论对高校羽毛球这一单项的发展而言，还是对整个校园体育文化的发展来说，都有好处，能够通过协同发展实现共赢。

新时期高校羽毛球与高校校园体育文化协同发展的建议如下。

一、通过羽毛球课堂教学，打好体育文化建设基础

开设羽毛球课程，组织羽毛球课程教学，这是大学生系统学习羽毛球文化知识与运动技能的主要方式。在羽毛球课堂教学中，教师要对羽毛球的特征、价值、文化内涵进行讲解与传授，并重点加强技战术教学，培养大学生对羽毛球运动的兴趣，提高其羽毛球运动能力。热爱羽毛球的大学生也会因此而喜欢上体育运动，大学生又是高校体育文化建设的重要参与主体之一，因而通过羽毛球课程教学能够为高校体育文化建设打好基础。

二、利用羽毛球社团、俱乐部宣传体育文化

羽毛球是一项需要人际沟通与交流的运动，也是学生之间相互切磋和互动的特殊身体语言。高校成立羽毛球社团、羽毛球俱乐部或羽毛球协会，组织业余羽毛球比赛，不仅能够培养学生的人际交往能力和社会适应能力，还能借此对校园体育文化、体育精神进行宣传与弘扬，能够使更多的学生了解羽毛球文化，了解体育文化，并在产生兴趣的基础上参与校园体育运动，甚至还能形成终身体育意识。

三、改善高校羽毛球文化环境，促进校园羽毛球文化繁荣

高校体育文化的繁荣发展离不开各项目文化的发展，其中包括羽毛球文化的发展。高校羽毛球文化是高校体育文化的重要组成部分，羽毛球文化的繁荣发展又离不开良好的发展环境与平台。因此，不断优化与改善高校羽毛球文化环境很有必要，具体应从以下几方面着手。

第一，改善高校羽毛球场馆设施条件，加大基础设施配置力度，为大学生参与羽毛球运动提供良好的物质环境，满足大学生的基本需求，也为羽毛球教学与训练的顺利开展提供物质基础。

第二，组建羽毛球代表队，加强训练和培养，使羽毛球队成为高校的一个“招牌”，形成特色羽毛球文化，借此弘扬高校体育文化。

第三，改善师资环境，提高师资水平，使优秀的羽毛球教师在校园羽毛球文化发展和体育文化建设中充分发挥自身作用。

参考文献

[1] 雷小明 . 高校羽毛球运动教学研究 [M]. 北京：人民体育出版社，2021.

[2] 中国羽毛球协会 . 羽毛球竞赛规则 2021[M]. 北京：人民体育出版社，2021.

[3] 李娜 . 高校羽毛球运动教学改革研究 [M]. 长春：吉林大学出版社，2020.

[4] 李丹 . 高校羽毛球运动教学与训练方法 [M]. 延吉：延边大学出版社，2020.

[5] 徐刚等 . 现代羽毛球专项竞赛体系与训练参赛机制 [M]. 北京：北京体育大学出版社，2016.

[6] 武东海 . 羽毛球健身理论与实践 [M]. 广州：暨南大学出版社，2013.

[7] 刘利生 . 羽毛球健身运动常识 [M]. 西安：陕西科学技术出版社，2008.

[8] 何艳华，张坤 . 羽毛球 [M]. 长春：吉林出版集团有限责任公司，2010.

[9] 杨金丽 . 羽毛球运动与体育健身研究 [M]. 哈尔滨：东北林业大学出版社，2020.

[10] 王潘 . 普通高校羽毛球教学与训练 [M]. 延吉：延边大学出版社，2018.

[11] 牛清梅，杨茜，欧阳南军 . 羽毛球运动 [M]. 西安：西北工业大学出版社，2021.

[12]（日）高濑秀雄著；刘丹丹译 . 羽毛球训练图解 126 个练习快速提升基础与实战技巧 [M]. 北京：人民邮电出版社，2018.

[13] 刘瑛,韩文华 . 羽毛球入门、提高训练与实战 [M]. 北京：化学工业出版社,2015.

[14] 林传潮,任春晖,刘国珍 . 羽毛球竞赛工作指南 [M]. 北京：北京体育大学出版社,2005.

[15] 焦玉娥,张骞,麻安莉 . 羽毛球运动与训练 [M]. 北京：科学出版社,2020.

[16] 何轶 . 羽毛球运动技巧和训练教程 [M]. 延吉：延边大学出版社,2018.

[17] 刘小禹 . 羽毛球运动教学与训练创新研究 [M]. 长春：东北师范大学出版社,2018.

[18] 梁福生,孟令滨 . 羽毛球教学与训练教程 [M]. 哈尔滨：东北林业大学出版社,2016.

[19] 朱建国 . 羽毛球运动教学与训练教程 [M]. 北京：清华大学出版社,2019.

[20] 杨苗苗 . 羽毛球运动文化的传承与传播研究 [D]. 陕西师范大学,2016.

[21] 钟晨 . 普通高校公共体育羽毛球课程教学质量评价体系构建研究 [J]. 陕西教育(高教),2022,558（10）：30–32.

[22] 王文毅 . 普通高校羽毛球选项课教学内容选择的研究 [J]. 陕西教育(高教版),2011（12）：51–52.

[23] 高文颖 . 对安徽省大学生课外羽毛球活动开展情况的调查与研究 [J]. 当代体育科技,2015,5（07）：174–175.

[24] 张明,曲献绘 . 浅析羽毛球运动与高校校园体育文化建设 [J]. 科教文汇(下旬刊),2013,No.249（21）：105–106.

[25] 彭卫梅 . 羽毛球运动开展对校园体育文化建设的影响 [J]. 运动,2019,No.203（03）：80+144.

[26] 龚涛 . 微课在高校羽毛球课教学中的运用刍议 [J]. 才智,2020（20）：132–133.

[27] 邵伟德 . 体育教学模式论 [M]. 北京：北京体育大学出版社,2005.

[28] 葛冰 . 体育教学模式的整体优化研究 [D]. 东北师范大学,2007.

[29] 骆建 . 对运动训练中的超量恢复现象与超量恢复原理的审视 [J]. 中国体育科技,2001（06）：10–12.

[30] 王沂，李尚滨 . 略论体育教学模式设计的依据 [J]. 教学与管理，2007（06）：135-136.

[31] 张强，蒋宁，陈诗强 . 浅析自主 - 合作体育俱乐部教学模式的教学设计 [J]. 玉林师范学院学报，2015，36（05）：75-79+84.

[32] 苏家福，周红萍，程云 . 大学体育“知学练馈”四位一体教学模式设计 [J]. 湖北文理学院学报，2016，37（05）：75-77+88.

[33] 邢欣，王彤 .“混合式教学”模式下的体育课程设计与实践 [J]. 辽宁体育科技，2020，42（02）：120-125.

[34] 任益琢 . 影响羽毛球运动员个体能力的因素分析 [J]. 文体用品与科技，2022（02）：82-85.

[35] 彭亦兵 . 优秀运动员素质教育导论 [M]. 哈尔滨：哈尔滨工程大学出版社，2008.

[36] 王磊 . 落点强化练习法对大学生羽毛球运动员后场球技术训练效果的实验研究 [J]. 吉林省教育学院学报，2017，33（10）：171-173.

[37] 张力为，毛志雄 . 运动心理学 [M]. 上海：华东师范大学出版社，2003.

[38] 陆淳 . 羽毛球技术训练与战术运用 [M]. 北京：人民体育出版社，2006.

[39] 国家体育总局青少年体育司，国家体育总局乒乓球羽毛球运动管理中心编 . 中国青少年羽毛球训练教学大纲 [M]. 北京：北京体育大学出版社，2012.

[40] 朱静静 . 普通高校多人羽毛球比赛形式的可行性研究 [D]. 扬州大学，2021.

[41] 王波 . 三人制羽毛球运动在大学体育教学中的应用分析 [J]. 武术研究，2019，4（12）：126-128.

[42] 刘文涛 . 浅析三人制羽毛球运动 [J]. 中国培训，2016（12）：264.

[43] 周永华，王欣 . 高校羽毛球运动的发展现状与对策探讨 [J]. 当代体育科技，2018，8（29）：131-132.

[44] 张玉茹 . 世界羽坛竞争格局与中国队成绩特征分析——基于近五届世锦赛奖牌分布情况 [J]. 体育科技文献通报，2022，30（11）：20-23.